Publications de l'École Spéciale des Travaux Publics
du Bâtiment et de l'Industrie
L. EYROLLES, Ingénieur-Directeur

LES PROBLÈMES DE L'APRÈS-GUERRE

COMMANDANT HOURST

Chef d'Escadron d'Artillerie Territoriale
Ancien Directeur commercial de la Société Michelin et Cⁱᵉ

LE PROBLÈME DE LA MAIN-D'ŒUVRE

LA TAYLORISATION

et son application aux conditions industrielles de l'après-guerre

Prix : 1 franc

PARIS
Librairie de l'École spéciale des Travaux Publics
3, Rue Thénard, Paris

1916

Publications de l'École Spéciale des Travaux Publics
du Bâtiment et de l'Industrie
L. EYROLLES, Ingénieur-Directeur

LES PROBLÈMES DE L'APRÈS-GUERRE

COMMANDANT HOURST
Chef d'Escadron d'Artillerie Territoriale
Ancien Directeur commercial de la Société Michelin et Cⁱᵉ

LE PROBLÈME DE LA MAIN-D'ŒUVRE

LA TAYLORISATION

et son application aux conditions industrielles de l'après-guerre

Prix : 1 franc

PARIS
Librairie de l'École spéciale des Travaux Publics
3, Rue Thénard, Paris

1916

LA TAYLORISATION

et son application aux conditions industrielles
de l'après-guerre

PRÉLIMINAIRES

Il y a une vingtaine d'années, un ingénieur américain, W. Taylor, frappé du mauvais rendement du travail tant humain que mécanique dans les usines de son pays, inventa des méthodes d'étude, dégagea des principes logiques de leur emploi et les appliqua avec succès dans certaines entreprises qu'il était appelé à conduire.

Cette utilisation fut naturellement faite en relation avec les conditions du travail aux États-Unis. Il en résulta un ensemble de doctrines et de procédés appropriés plus spécialement à ces conditions et à la mentalité américaine.

Taylor gagna une grosse fortune à implanter successivement sa méthode dans les usines; il fit des élèves qui imitèrent sa manière de procéder, si bien que les Tayloristes américains sont surtout des spécialistes appelés là où les industries décident de faire emploi de leur expérience conformément d'ailleurs à l'usage en faveur aux États-Unis où la spécialisation est presque de règle.

Des essais généralement peu réussis ont été tentés en Europe; les conditions du travail n'étant pas les mêmes la plupart aboutirent à des insuccès.

Les syndicats ouvriers se montrèrent ennemis de l'application de la méthode Taylor; cette opposition était souvent justifiée.

Dans ses procédés, en effet, qui, nous le verrons, amènent

à une sélection soigneuse du personnel, Taylor prend pour base non l'ouvrier moyen accomplissant une tâche beaucoup plus considérable que par le passé grâce à la Taylorisation, mais un ouvrier choisi, qu'il entraîne par l'appât d'un gain supérieur à un effort maximum, en même temps qu'il perfectionne l'outillage dont il se sert et les actes même qu'il accomplit.

En imposant de produire autant à l'ouvrier moyen, encore que bien pourvu des qualités physiques voulues, il est évident que Taylor le surmène et ce surmenage, même si ses effets ne sont ressentis qu'à la longue, le réduit au bout d'un certain temps à n'être plus qu'un déchet social, à son grand détriment et à celui de la race entière.

D'autre part, la main-d'œuvre étant, en France, avant la Guerre, suffisante sinon surabondante, la Taylorisation devait engendrer le chômage, au moins momentané, et permettre, en mettant les ouvriers en concurrence entre eux, d'avilir les salaires.

Cette crainte perd actuellement son opportunité ·, après la Guerre, la main-d'œuvre sera certainement déficitaire, en dépit d'un usage plus étendu du travail féminin et de l'emploi des mutilés dans la mesure du possible.

Avec un nombre réduit de travailleurs, dans l'impossibilité pour certains d'entre eux de rendre le même travail qu'auparavant, avec la nécessité de salaires plus élevés destinés à compenser la cherté à prévoir de la vie, l'Industrie française risque fort de se trouver incapable de reprendre et de maintenir ses affaires anciennes — et, à plus forte raison, de les augmenter par la conquête de marchés nouveaux — si le rapport de la main-d'œuvre à la production reste le même qu'auparavant.

Il faudra donc songer à accroître le rendement personnel, à mettre chacun en la place où il est apte à fournir le plus de travail et le meilleur travail, à produire le meilleur marché possible sans diminuer les salaires.

Ce sera une question de vie ou de mort.

Les procédés d'étude de Taylor, ses principes, sont de nature à donner une solution valable à ce difficile problème.

Nous disons procédés d'études et principes, car il ne convien-

dra nullement d'imiter d'une façon servile ce que Taylor a fait
en d'autres temps et d'autres circonstances.

En particulier, nous inscrirons à la base de cette étude, et
comme une règle absolue, que les moyens employés ne devront
jamais avoir pour résultat de conduire au surmenage, *même
volontaire*, et que « la tâche imposée », ce principe fondamen-
tal en dehors duquel on ne peut arriver à aucune solution
méthodique, ne doit jamais être telle que l'usure de l'homme
puisse en résulter *même à longue échéance.*

Ceci sera la différence essentielle du système proposé, non
point peut-être avec les conceptions théoriques que l'on peut
lire dans les ouvrages de Taylor, mais certainement avec celles
qui découlent de certains exemples même qu'il donne (1).

Il appartiendra à l'industrie d'appeler à son aide des savants,
des médecins, des biologistes dans cette partie de son organisation; nous ne verrions même aucun inconvénient à ce que
Syndicats et Patrons concourent à la fixation de la tâche, à
condition que les uns et les autres comprennent bien que la
plus absolue bonne foi est indispensable s'ils veulent sauver
l'Industrie qui nourrit employeurs et ouvriers.

Nous ignorons si le Maître et ses disciples immédiats accep-
teront ce point de vue ou le repousseront au contraire comme
une hérésie. Toutefois, comme à cette exception, ou mieux
à cette précision près, tout le reste de l'étude découle intégralement des *études* de Taylor, nous continuerons à appeler
Taylorisme l'ensemble de principes et de lois que nous allons
exposer.

Le Taylorisme conduit ainsi que nous allons le voir :

1° A augmenter le rendement de l'ouvrier, de la machine,
de l'organisation industrielle, sans accroître la fatigue ou
l'usure;

---

(1) Voir l'organisation du travail pour le triage des billes de bicyclettes :
« ..... il devint nécessaire d'exclure de l'atelier toutes les vérificatrices qui
« n'avaient pas une faible équation personnelle. Cela obligeait de congé-
« dier un grand nombre des plus intelligentes, des plus travailleuses et des
« plus consciencieuses. simplement parce qu'elles ne possédaient pas les
« qualités réunies de perception et d'action réflexe exigées ». — Taylor. —
Principe d'organisation scientifique des usines.

2° A permettre, en conséquence, l'application de taux de salaires plus élevés;

3° A utiliser chaque homme en la place où son rendement est le meilleur eu égard à ses facultés physiques et morales;

4° A employer le travail mécanique partout où il peut se substituer au travail humain;

5° A se rendre compte à chaque instant du prix de revient de chaque objet fabriqué et à permettre ainsi l'établissement facile de prix de vente laissant un bénéfice connu;

6° Enfin, il base l'obtention des résultats ci-dessus sur l'évaluation chiffrée, mathématique et indiscutable d'éléments mesurables substituant ainsi le calcul à l'empirisme, l'observation à l'impression.

Nous serons évidemment conduit à prendre, pour nous faire comprendre, des exemples simples et que l'esprit peut aisément concevoir sans avoir nécessairement sous les yeux le fonctionnement dans sa réalisation avec les diverses complications d'espèce qu'amène chaque cas.

Dans les notes qui vont suivre, nous exposerons d'abord les méthodes d'observation de Taylor et nous tirerons les conclusions *générales*, les *lois* du Taylorisme qui en découlent, sans nous attarder à discuter les objections d'ordres divers qu'on a fait à leur application.

Il appartiendra à tout industriel d'étudier son industrie ou mieux son usine, son atelier, dans le même esprit, en se pénétrant de la notion du but à atteindre et en recherchant les moyens pour y parvenir.

Nous discuterons ensuite les objections faites à l'application de la Taylorisation en cherchant à rester dans un esprit d'équité complète, regardant les avantages de l'employeur et de l'employé à son usage bien compris.

Nous ferons pour terminer quelques suggestions relatives à l'utilisation des principes de Taylor dans leur application à l'emploi des femmes et des mutilés.

CHAPITRE PREMIER

LA TAYLORISATION. SES LOIS

Considérons un manœuvre employé par un entrepreneur à transporter des pierres d'un point à un autre. Supposons, pour simplifier, le terrain horizontal, les pierres de même poids et chacune d'elles constituant une charge.

Il semble, au premier abord, qu'un travail aussi simple sera sensiblement effectué par tout le monde de la même manière, par chacun, en tout cas, de la façon qui est pour lui la meilleure et que, finalement, le nombre de pierres transportées dépendra uniquement du temps employé au travail, de la force physique et de la bonne volonté individuelles.

L'expérience a prouvé qu'il n'en était rien et que, pour un même sujet travaillant le même temps et subissant la même fatigue, le travail réalisé pouvait être accru (et ceci dans une proportion énorme) par l'étude raisonnée des travaux élémentaires, décomposés, dont la réunion forme le travail total du transport de la pierre.

La décomposition en travaux élémentaires peut être, par exemple, la suivante, en prenant l'homme à côté du tas de départ :

1° Se baisser;

2° Saisir la pierre;

3° Se relever;

4° Placer la pierre en position de transport;

5° Aller du premier tas au second;

6° Poser la pierre;

7° Revenir au tas primitif.

Si, le chronomètre en mains, un observateur pointe attentivement chacun de ces éléments et examine la façon dont il est exécuté, il constatera par exemple :

1° Qu'il y a diverses façons de se baisser suivant que la

flexion intéresse à un plus ou moins grand degré les jambes, les reins, le torse ou les bras;

2º Qu'il y a plusieurs manières de saisir une pierre, de se relever, de porter la pierre durant qu'on la transporte, de la poser sur le second tas;

3º Que l'allure ne doit pas être la même alors que le manœuvre marche chargé ou qu'il revient à vide; etc., etc., etc.;

Et que pour chacun de ces travaux élémentaires il y a une façon, et généralement une seule, de l'accomplir avec le minimum de temps et de fatigue.

Pour prendre un exemple, examinons le rapport des vitesses de déplacement du manœuvre à la cinquième opération et à la septième. Dans cette dernière, il est évident que l'homme doit revenir le plus rapidement possible au tas primitif, à la condition de ne pas s'essouffler.

Dans la cinquième opération, au contraire, la charge qu'il porte lui impose une allure plus lente.

Mais quelle allure?...

S'il va trop vite, au bout de peu de temps il sera haletant et obligé de s'arrêter; s'il va trop lentement, il endurera pendant un temps trop long la fatigue du poids de la pierre qu'il supporte.

Entre les deux extrêmes il y a une vitesse optimum que l'observateur doit déterminer par ses chronométrages et qui correspond au travail élémentaire maximum possible à produire.

Dans le même ordre d'idée, il est reconnu qu'un homme rend moins au total durant une période d'une certaine longueur s'il travaille sans répit que si, à des moments choisis et pendant des temps déterminés on l'autorise et même l'oblige à prendre des repos.

Cette observation est la conséquence du fait qu'un muscle fatigué s'intoxique et que sa force diminue.

Il est à noter que de pareils repos doivent s'effectuer dans une position étudiée pour que les muscles intéressés par le travail soient défatigués le plus vite et le plus complètement possible.

La simple opération d'un transport de pierres peut donc, par une étude précise et scientifique de ses éléments décomposés, faire l'objet d'une organisation méthodique où le rendement humain sera multiplié sans augmentation de fatigue.

Pour y arriver, l'organisateur devra décomposer le travail total en mouvements et travaux élémentaires aussi simples que possible.

Il devra étudier chaque travail élémentaire pris en particulier, dans le but de le réduire, en temps et en fatigue, à ses plus petites limites.

Cette étude faite et basée sur de nombreuses observations matérielles et chronométrées sans que l'impression et le sentiment entrent jamais en jeu, et sur un certain nombre de sujets étudiés isolément, chaque manœuvre doit être dressé à exécuter exactement de la façon prescrite et constatée la meilleure les divers mouvements élémentaires et à continuer indéfinimennt sans rien changer, sauf ordre exprès.

La décomposition en travaux élémentaires, leur détermination, l'étude des mouvements décomposés, le choix de la façon dont ils doivent être exécutés et des durées qui leur correspondent constituent la base même des méthodes de Taylor.

Ils en sont également la partie technique et l'on comprend que chaque cas doive faire l'objet d'un programme qui lui est spécial.

Taylor dans ses ouvrages est assez sobre de détails sur ce point en raison même de la grande variété des espèces à considérer.

Il convient, d'ailleurs, de ne pas perdre de vue que la Taylorisation des usines en Amérique est un métier qui a fait gagner une fortune considérable à son auteur et qui fait vivre ses élèves. On comprend, dans ces conditions, qu'ils montrent une certaine retenue à mettre dans le domaine public les tours de main de ce métier. Il devra en être autrement en France où le Patron, le Directeur, l'Ingénieur devront se faire leurs propres taylorisateurs.

En résumé, l'étude et l'établissement des travaux élémentaires comprennent d'abord la fixation de la liste de ces éléments résultant d'une observation attentive du travail de l'ouvrier.

La liste établie, un observateur, muni d'une planchette à laquelle sont fixés deux ou trois chronomètres donnant le 1/5 de seconde par arrêt et remise au zéro, relève en opérant de nombreux pointages et des moyennes les temps employés à chaque travail élémentaire.

En faisant varier les conditions du travail et *en opérant sur un seul élément à la fois*, il détermine les procédés d'obtention du meilleur rendement.

Il y a lieu d'observer que par meilleur rendement il faut entendre non seulement le rendement instantané pris par rapport à un temps très court, mais aussi le rendement total relatif à un intervalle assez considérable pour que la fatigue intervienne et le diminue si elle est exagérée.

Il faut comprendre également que le meilleur rendement doit être avant tout obtenu par la simplification et l'accommodation des travaux élémentaires, et non par une recherche exagérée de la vitesse de nature à amener le surmenage. C'est ici que peut sans doute intervenir utilement le biologiste, s'il est exact — comme l'a dit M. J.-M. Lahy dans son ouvrage « Le Système Taylor et la physiologie du travail professionnel » — qu'on puisse, en dehors de la volonté et du témoignage du travailleur, constater expérimentalement le point où commence le surmenage.

Cette façon d'agir demande malheureusement l'emploi d'observateurs exercés et versés dans la Taylorisation.

Si la décomposition élémentaire est mal conçue et que l'expérience montre par la suite qu'il y a intérêt à la comprendre autrement, toutes les observations antérieures deviennent sans utilité, ce qui est une grave perte de temps.

En outre, il est impossible à plusieurs personnes de discuter des conclusions qui dépendent entièrement de la façon dont une seule d'entre elles aura dirigé les observations.

Nous proposons, et ce faisant nous restons d'ailleurs, comme on le verra, dans l'esprit même des méthodes tayloriennes, de substituer dans l'étude de la décomposition élémentaire des temps et des travaux les moyens mécaniques et automatiques à l'observation humaine. Ces moyens ont, d'ailleurs, été indiqués par Gilbreth et, avant lui, par Marey.

Soit un cadran transportable et de dimensions suffisantes sur lequel se meuvent trois aiguilles distinguées par leurs formes. Ce cadran est divisé en 60 parties égales.

La première aiguille fera le tour du cadran en une seconde, la deuxième en soixante secondes ou une minute, la troisième en soixante minutes ou une heure.

Un tel cadran sera cinématographié en même temps que le sujet en observation, et par le même appareil, durant que ce sujet accomplit le travail étudié de la manière prescrite.

Si on développe le film, qu'on examine les clichés un à un en les faisant défiler avec une lenteur suffisante sur un écran à projections, on peut opérer à loisir les décompositions élémentaires avec une limite d'exactitude dans l'appréciation des temps égale à la rapidité avec laquelle l'appareil enregistre les vues successives.

On peut aussi opérer avec le même film diverses décompositions élémentaires différentes des mouvements et des temps.

On peut procéder à l'étude à quelque moment et en quelque endroit que ce soit et devant autant de personnes qu'il est désirable pour que les conclusions soient contrôlées et discutées.

Il reste, enfin, une trace tangible et impossible à récuser des éléments mis en œuvre pour arriver à une conclusion.

De plus, l'emploi de la méthode préconisée permet d'agir avec des opérateurs quelconques et aussi nombreux qu'on le désire, en ce qui regarde du moins les observations préliminaires de prises des temps élémentaires, ce qui est précieux eu égard au petit nombre de compétences que l'on peut espérer réunir.

Quels que soient les moyens matériels employés pour en tirer parti, nous poserons, dès lors, les lois tayloriennes suivantes :

1. *Économiser au maximum le travail humain en lui faisant rendre le maximum de production avec le minimum de fatigue.*

2. *Pour y parvenir, décomposer le travail et le temps durant lequel il s'accomplit en éléments aussi nombreux que possible et étudier pour chacun d'eux, par la méthode directe, la façon de le produire avec le minimum de durée et de fatigue.*

3. *Dans l'étude du travail élémentaire optimum, ne faire varier à la fois qu'une seule condition dans un seul élément, afin de mesurer exactement la relation réciproque en éliminant autant que possible les influences des autres conditions.*

4. Les conditions optimum du travail déterminées, obliger les exécutants à opérer strictement de la façon prescrite et non autrement.

**

Prenons maintenant un manœuvre moyen taylorisé pour le transport des pierres.

Nous aurons déterminé la façon dont il doit travailler, le temps durant lequel il doit travailler, les repos intermédiaires qu'on devra lui imposer pour obtenir le maximum de son rendement avec le minimum de fatigue.

Par la même occasion, et sous réserve que les conditions de travail resteront identiques, nous saurons en même temps et une fois pour toutes la quantité de travail qu'il *doit* accomplir.

Nous saurons, par exemple, qu'en portant en palier des pierres d'un poids p à une distance d, son travail en n heures représentera m kilos transportés en observant les indications précises et détaillées suivant lesquelles il doit agir.

Il reste bien entendu que, si les conditions du travail changent, les indications devront ou pourront changer ainsi que le rendement.

Si le sol est en montée à l'aller ou au retour, si le poids des pierres ou la distance change, la façon de travailler optimum pourra changer aussi, ainsi que le poids transporté dans le même temps.

Il pourra même se faire qu'il y ait intérêt à allonger ou à raccourcir la durée journalière de la tâche.

L'entrepreneur dont dépend l'ouvrier devra donc, avant tout, résoudre par observation directe le problème du rendement optimum dans un nombre suffisant de cas pouvant se présenter, en modifiant les conditions une à une et déterminant dans chaque cas les instructions à imposer pour obtenir le meilleur rendement avec le minimum de fatigue.

Le tout doit être traduit une fois pour toutes en tables, en abaques, en formules, etc...., de telle façon qu'étant donné un cas on puisse toujours fournir immédiatement les solutions valables sans recommencer des observations et des expériences.

Si, dès lors, un nouvel ouvrier arrive sur l'entreprise, et après qu'on l'aura taylorisé en lui apprenant comment il doit travailler, l'entrepreneur saura qu'il doit obligatoirement effectuer un travail déterminé en quantité et en temps.

Supposons qu'il ne l'accomplisse pas, que doit-on en conclure?

1° Ou qu'il met au travail une flânerie systématique;

2° Ou que sa constitution physique ne lui permet pas la tâche moyenne de ses camarades.

Dans le premier cas, la question ne se pose pas; étant payé comme tout le monde, il doit travailler de même, car la tâche n'est pas au-dessus de ses forces, sinon l'on doit s'en séparer.

Dans le second, la conclusion reste identique, et cela dans l'intérêt même de l'homme, car il existe d'autres besognes pour lesquelles l'insuffisance, par exemple de ses muscles lombaires, si c'est là sa tare, ne l'empêchera pas de travailler aussi bien que ses nouveaux camarades et de produire autant qu'eux sans plus de fatigue. Peut-être même arrivera-t-il dans ce nouvel emploi à gagner un salaire supérieur à celui des manœuvres porteurs de pierres. Il n'est que juste, en tout cas qu'il soit appelé à compenser son infériorité physique en développant son habileté manuelle ou son acuité visuelle par exemple, en un mot, en recherchant la perfection dans l'emploi auquel il est le mieux approprié.

Nous dirons presque la même chose de l'ouvrier qui, sans fatigue, peut dépasser la tâche moyenne. Celui-là non plus n'est pas approprié à son travail et, lorsqu'on voudra étudier la coordination de son rendement avec celui d'autres ouvriers dont le produit se relie au sien, sa surproduction constituera une gêne plus qu'un avantage.

Il est bien évident qu'un manœuvre très robuste sera mieux employé, tant dans son intérêt propre que dans celui de la collectivité et de son employeur, à gagner 20 francs par jour, comme puddleur que cinq à porter des pierres.

Nous tirerons donc de ces considérations une nouvelle loi :

5. — *La tâche moyenne de l'ouvrier taylorisé ayant été déterminée par l'observation, il ne convient ni à ses intérêts, ni à ceux de son employeur, de conserver celui qui reste en-dessous de sa tâche.*

L'ouvrier qui accomplit une surproduction n'est pas particu-

*lièrement souhaitable et doit être de préférence réservé pour un travail
plus rude où les caractéristiques physiques nécessaires soient en
relation avec les siennes propres et où il puisse gagner des salaires
supérieurs.*

.*.*

C'est principalement contre l'application du principe ci-dessus
que se sont élevées les associations ouvrières lorsqu'on a tenté
d'introduire en France le système Taylor.

Nous verrons plus tard la discussion de leurs objections, justifiées le plus souvent par les erreurs qui ont été faites dans la mise
en pratique des principes.

Retenons cependant que l'ouvrier craint, si on lui donne les
moyens d'accroître la production, que cette situation se traduise
pour lui par des chômages et la possiblté pour l'employeur
d'avilir les salaires.

Par un sentiment très humain, il regarde, de plus, comme
injuste que le patron puisse augmenter son gain sans lui faire une
part.

Enfin,la mécanisation des mouvements, l'attention qu'il doit
apporter à remplir un programme, la régularité impeccable dans
le travail demandent de sa part un effort intellectuel indéniable qui
mérite récompense.

On n'arrivera à obtenir sa bonne volonté à se laisser dresser et
son concours indispensable qu'en lui offrant l'appât d'une augmentation importante de salaire.

Taylor a fixé de 30 à 75 % le chiffre de cette augmentation et il
estime, après expérience, que c'est là un minimum indispensable
à atteindre si l'on veut un résultat (1).

----

(1) Taylor ajoute, il est vrai : « Si l'augmentation de salaire dépasse
60 %, beaucoup d'entre eux (des ouvriers) se mettent à travailler irrégu-
« lièrement et deviennent extravagants et dissipés; ce qui montre, en somme
« qu'il n'est pas bon pour la plupart des gens de s'enrichir trop vite. » Cette
réflexion paraît surtout faite pour rassurer les patrons que l'auteur voulait
convaincre. L'inconvénient d'un enrichissement trop rapide n'est pas
spécial à la classe ouvrière; dans celle-ci comme dans la classe capitaliste il y a
des têtes faibles que le vertige gagne, plus encore dans la seconde que dans la
première : la réalité brutale rappellera à la réalité l'une et l'autre.

Encore faut-il observer qu'il envisageait des ouvriers américains dont le salaire avant Taylorisation est déjà proportionnellement plus élevé que celui de l'ouvrier français et qu'il n'avait pas à compter avec l'augmentation du prix de la vie qui aura lieu en France après la Guerre.

Nous estimons qu'il est prudent d'envisager des coefficients de 1,50 à 2 par lesquels devront être multipliés les salaires de l'avant-guerre.

Il va de soi que les productions doivent, avec le même nombre d'ouvriers, être augmentées au moins dans la même proportion par l'effet de la Taylorisation.

A cet égard il n'y a pas de doute à avoir et l'expérience des usines américaines démontre que l'on peut compter sur un accroissement bien supérieur; un résultat moins favorable démontrerait seulement que la Taylorisation a été mal faite.

Mais, à supposer que l'augmentation de production corresponde simplement à l'augmentation de salaire individuel, il est facile de démontrer que l'employeur y trouverait encore largement son compte.

Reprenons l'exemple de l'entrepreneur du transport de pierres.

Au moment où il s'est décidé à tayloriser le travail, celui-ci se payait, par exemple, à l'heure, à raison de 0 fr. 60 et 21 ouvriers travaillant 10 heures par jour transportaient 210 tonnes de pierres pour 126 francs, soit 6 francs de salaire individuel pour le transport d'une tonne (1).

Supposons que la Taylorisation double le rendement (résultat très inférieur à ce que doit donner la pratique) et que les salaires soient doublés en même temps.

Le prix de la tonne transportée reviendra encore à 6 francs, si on ne considère que la main-d'œuvre.

Mais l'entrepreneur pourra soit employer deux fois moins d'ou-

---

(1) Il doit être bien entendu que tous les chiffres qui peuvent être donnés en exemple sont purement théoriques et sans aucune valeur d'application réelle. La Taylorisation n'ayant jamais été sérieusement appliquée en France, il est matériellement impossible de donner *a priori* des valeurs conformes à ce qu'elles pourront être dans la pratique.

vriers, soit avec le même nombre d'ouvriers effectuer un transport double.

Dans le premier cas, ses frais généraux : surveillance, assurance, intérêt du capital immobilisé, etc... sont réduits et cette réduction représente un bénéfice sur l'état antérieur.

Dans le second, le travail accompli étant doublé, le bénéfice net est double pour des frais généraux qui resteront sensiblement équivalents en pour cent.

Il est d'ailleurs équitable qu'une partie du bénéfice en pour cent réalisé par la Taylorisation profite à l'employeur qui a dépensé de l'argent et de l'intelligence dans l'étude et l'application du système. Dans le cas présent, il serait parfaitement justifié que pour un salaire de 100 % plus élevé,, la tâche imposée se trouve être triple, par exemple.

Mais, pour réussir, il ne faudra pas s'écarter du principe suivant :

6. *La Taylorisation d'un ouvrier doit obligatoirement avoir pour conséquence une augmentation très importante de son nouveau salaire journalier relativement à celui qu'il gagnait auparavant.*

L'employeur trouverait encore un avantage si le rapport des salaires était égal à celui des productions avant et après Taylorisation.

Le gain en rendement réalisé sera cependant tel, généralement, qu'il sera inutile d'aller jusqu'à cette limite, l'excédent de production dont bénéficiera l'employeur pouvant être considéré comme une juste rémunération de ses études et de leur application.

Il est probable qu'après la Guerre le salaire de l'ouvrier taylorisé devra atteindre une fois et demi à deux fois celui de l'avant-guerre.

* * *

Il semble difficile, dans ces conditions, de prétendre que la Taylorisation sera préjudiciable à la classe ouvrière.

Toutefois, il faut compter avec la méfiance, l'appréhension de l'inconnu, la routine et, principalement, l'opposition de certains contre maîtres d'atelier dont le rôle sera sinon supprimé, du moins totalement modifié par la Taylorisation et qui y perdront la situation de petits potentats dont ils jouissent dans beaucoup d'usines.

Or, la Taylorisation *ne peut se faire* que si l'ouvrier s'y prête de toute sa bonne volonté. La lui fera-t-on donner entière par les raisonnements ou les considérations théoriques ou bien par les menaces?... C'est douteux.

En outre, il faudra compter avec des résistances basées sur des raisons inavouables. Il est certain qu'un ouvrier payé à l'heure et qui s'est arrangé pour faire croire qu'il travaille alors qu'il fait semblant a tout à perdre à des procédés qui éliminent automatiquement les paresseux.

Il est donc prudent de croire que les ouvriers ne se laisseront convaincre que par des faits et, dans la généralité, ne se prêteront à la collaboration indispensable que si ces faits leur démontrent qu'ils gagneront plus sans se fatiguer davantage. Ajoutons que c'est leur droit.

Taylor l'a parfaitement compris et si, s'adressant à des patrons qu'il avait besoin de convaincre d'abord, il n'a pas formellement énoncé les considérations qui précèdent, du moins insiste-t-il sur la nécessité de n'entreprendre les premières tentatives de Taylorisation que sur des individus isolés et non sur un ensemble de personnel.

On lira avec profit le récit qu'il fait de la Taylorisation des ouvriers qui transportaient des gueuses et dont le rendement passa de 12 tonnes 1/2 à 47 tonnes par jour, tout en faisant des réserves obligées sur l'énormité de cet accroissement de nature à amener le surmenage chez l'ouvrier moyen.

En résumé, la méthode préconisée consiste à dresser isolément un seul ou un petit nombre d'ouvriers choisis parmi ceux dont la conduite rangée, l'absence de réactions psychiques trop vives, l'amour du gain font des sujets faciles.

L'étude longue et compliquée relative à la décomposition des travaux élémentaires, les nombreuses expériences à exécuter pour obtenir le rendement optimum et déterminer les conditions de ce rendement, la passivité absolue à obtenir dans ces expériences rendent d'ailleurs indispensable l'emploi de pareils sujets.

Mais, lorsque le résultat est acquis, lorsque les camarades de l'ouvrier taylorisé constatent combien ses gains augmentent tout en se rendant compte que le travail produit est en relation équitable avec le salaire, lorsque, en outre, ils voient que la Taylorisation n'a entraîné ni un surcroît de fatigue, ni une plus longue durée de travail, on peut tenir la partie pour bien près d'être gagnée.

Un à un d'abord, puis tous ensemble, les ouvriers demanderont l'application d'un système qui leur est favorable.

Il ne conviendra pas de se presser à les satisfaire. Taylor insiste en maints endroits sur la nécessité d'aller lentement et de prendre son temps avant de décréter la Taylorisation générale qui doit ne se faire que par étapes patientes.

7. *Il faut que la Taylorisation soit acceptée de bonne grâce par l'ouvrier convaincu par l'expérience et non imposée par le patron à l'ouvrier.*

Le Tayloriseur doit procéder aux études préliminaires sur des individus isolés et ne pas se presser pour généraliser les méthodes, afin de laisser le temps à l'opinion de se fixer parmi le personnel.

Il faut observer qu'un essai malheureux et qui échouerait de par l'hostilité des ouvriers consacrerait sans doute pour longtemps la faillite du système.

*
* *

Nous venons de considérer le cas d'un ouvrier travaillant isolément à une tâche complète en elle-même et où aucune aide ne peut être apportée.

Prenons maintenant celui un peu plus complexe d'un maçon qui construit un mur en briques et, pour simplifier, admettons qu'il travaille de plain-pied et n'ait pas encore eu besoin d'échafauder.

Un tas de briques est par terre plus ou moins loin de lui, suivant qu'il se déplace pour prolonger l'assise; son auge est à proximité, pleine de mortier.

Pour asseoir une brique, le maçon procédera, par exemple, aux mouvements élémentaires suivants :

1º Se rendre au tas de briques (1);

2º Se baisser (1);

3º Prendre une brique au tas et l'examiner pour déterminer sa face de parement (1);

4º Se relever (1);

5º Retourner au mur en construction (1);

6º Élever la brique, la poser (1);

7º Prendre la truelle;

8º Se baisser vers l'auge (1);

9º Prendre du mortier sur la truelle;

10º Porter le mortier à sa place, l'y déposer;

11º L'étendre (2);

12º Reprendre la brique;

13º La mettre en place;

14º La caler en frappant avec le manche de la truelle (2);

15º Déposer la truelle.

Parmi ces 15 mouvements décomposés, il en est sept marqués du signe (1), pour lesquels il n'est pas utile d'être maçon, et les temps totalisés de leur accomplissement dépassent certainement la somme des durées des huit autres.

Ces sept mouvements, pour être exécutés, ne demandent qu'un manœuvre sans aucun apprentissage de métier et un très habile maçon, de force physique cependant médiocre, aurait besoin de plus de temps pour les accomplir qu'un manœuvre plus robuste, sans aucune capacité technique.

Un entrepreneur de maçonnerie qui les laisse cependant faire au maçon, comme c'est souvent le cas, emploie donc plus de la moitié des salaires à payer plus cher comme travail de compagnon un travail de manœuvre, avec la perspective de le voir plus mal exécuté.

Il sera donc logique de faire servir le maçon par des manœuvres et nous en ferons découler un nouveau principe :

8. *Aucun ouvrier ne doit être employé en tout ou partie à accomplir un travail inférieur ou mal approprié à ses capacités techniques ou musculaires.*

Il y a intérêt à trier les travaux élémentaires correspondants à un ouvrage déterminé de façon à les répartir entre les diverses catégories de travailleurs dont les capacités s'adaptent le mieux à leur nature.

Mais, à plus forte raison, y aura-t-il avantage à étudier les conditions d'ordre purement matériel susceptibles de diminuer le travail du maçon comme celui du manœuvre.

La durée des opérations 11 et 14 marqués (2) dépend de la nature plus ou moins liquide du mortier et il y a intérêt à ce que celui-ci soit le plus facile possible à étendre et à écraser, dans la limite où sa fluidité ne diminue pas la solidité de la construction.

Des échafaudages devront être établis à portée de la main du maçon, de façon à ce qu'il n'ait que le minimum de mouvements à faire pour prendre son outil et ses briques préalablement choisies, apportées et rangées en bonne place.

Leur élévation, l'apport du sable, de l'eau, de la chaux, le gâchage du mortier se feront par des moyens mécaniques que la généralisation des moteurs électriques amovibles rend faciles à disposer.

On économisera donc le plus possible le travail humain, le plus cher de tous, même s'il ne s'agit que du travail de manœuvre.

9. Partout où l'échange est possible, il faut remplacer le travail humain par le travail mécanique et, chaque fois que cela se peut, rendre ce dernier complètement automatique.

*
* *

Le travail purement mécanique d'une machine doit être lui-même étudié en vue de sa Taylorisation et en prenant pour base d'abord la suppression des temps perdus pendant lesquels aucun travail n'est produit et l'économie de l'effort.

Si on examine de près la façon dont travaillent certaines machines automatiques, même des plus perfectionnées, on est souvent surpris du temps appréciable durant lequel l'outil marche sans rien produire.

Dans un tour automatique, il n'est pas rare de constater que la barre tourne à vide. On voit, par exemple, dans un perçage suivi d'un alésage, puis d'un taraudage, la mèche revenir en arrière beaucoup plus qu'il ne serait nécessaire pour dégager la pièce, l'alésoir rester inactif plusieurs secondes après que la mèche s'est effacée, le taraud retourner une fois le filetage fait, aussi lentement qu'il s'enfonçait lorsqu'il formait le filet.

D'autres fois encore, deux opérations qui pourraient être simultanées parce qu'elles ne se gênent en rien, ne s'effectuent que successivement.

Il est juste de dire cependant que, dans certains cas, le rendement maximum dans le minimum de temps ne saurait s'obtenir qu'à l'aide de complications mécaniques trop coûteuses ou trop fragiles.

Mais, bien souvent aussi, ces pertes de temps proviennent de celui qui a réglé l'outillage sans chercher le rendement maximum.

On voit cependant quelle perte peut résulter de cette erreur, car, sur un ensemble d'opérations qui durent à peine un petit nombre de minutes, quelques secondes ne sont pas négligeables.

La méthode cinématographique exposée plus haut constitue un des moyens les plus rapides de se rendre compte du travail d'une machine automatique et d'en tayloriser le réglage. Aucune fabrication ne devrait être mise définitivement en route sans subir cette épreuve qui offre sur les autres l'avantage de ne pas permettre d'erreur et de laisser des traces matérielles et indiscutables.

Mais il est certain, en revanche, que les machines, comme les hommes, ont un maximum de rendement au-delà duquel l'usure trop rapide, la fatigue interviennent et qui ne doit pas être dépassé.

Nous dirons donc :

10. *Pour tirer d'une machine le maximum de production, il est essentiel, par une étude chiffrée des travaux élémentaires décomposés, de supprimer les temps morts ou du moins de les réduire au minimum.*

Il faut que chaque outil fonctionne au maximum de rendement dont il est susceptible sans nuire à sa conservation normale, à son entretien et à la perfection de son travail.

Cette loi appelle sans démonstration un corollaire :

11. *Lorsque plusieurs machines concourent successivement à la confection définitive d'un même objet :*

(a) *Le nombre de chacunes d'elles doit être en raison inverse de sa production individuelle à l'allure la plus rapide ;*

b) *Au cas où cette condition ne peut être remplie, il est préférable d'arrêter, durant le temps nécessaire, celles qui sont trop rapides au lieu de diminuer leur vitesse de production dans le but de faire travailler toutes les machines le même nombre d'heures.*

Dans ce dernier cas, il est vrai, la question de main-d'œuvre vient créer une difficulté ; aussi doit-on l'éviter autant que possible et ne pas perdre de vue le principe directeur lorsqu'il s'agit de choisir l'outillage pour une usine à créer ou d'acquérir de nouveaux outils dans une usine déjà en fonctionnement.

* * * * *

Nous venons d'envisager, d'une part, la Taylorisation de l'ouvrier travaillant d'une façon exclusivement ou presque exclusivement manuelle, et, de l'autre, celle de la machine travaillant d'une façon exclusivement ou presque exclusivement automatique.

Mais il est de nombreux cas où la production maximum d'un outil est liée intimement à la façon dont un ouvrier le conduit et l'emploie.

Considérons un tour ordinaire employé à tourner des pièces cylindriques de diamètres divers dans des métaux de dureté différente.

Suivant la grosseur de la barre et la nuance du métal ou sa nature il faudra employer :

Un outil tranchant de profil approprié ;

Une avance ;

Un angle de coupe et de dépouille ;

Une profondeur de coupe ;

Une vitesse de rotation ;

Une nature et une trempe de l'outil,

qui varieront en chaque cas pour donner le rendement maximum.

Laisserons-nous à l'ouvrier ou, à la rigueur, au contremaître ou au chef d'atelier le soin de déterminer chaque élément d'après une routine plus ou moins proche de la vérité mathématique ?

Évidemment non, car, s'il réussissait de sentiment à atteindre la perfection, il y aurait encore intérêt à traduire en chiffres les résultats pour les reproduire instantanément et sans hésitation dans un cas semblable.

Mais il y a bien peu de chances qu'il y parvienne et mieux vaut, dès lors, une fois pour toutes et quelle que soit la complication et la longueur des essais méthodiques à exécuter, déterminer mathématiquement les conditions optima des six éléments variables ci-dessus en fonction des deux premiers et en n'en faisant varier qu'un à la fois.

Ces essais ne doivent d'ailleurs pas être bornés à un cas particulier de diamètre, de nature et de dureté, car il faudrait sans cesse les recommencer, mais bien être étendus, dans des expériences méthodiques, à un nombre de valeurs de données assez rapprochées pour que l'interpolation permette de préciser les solutions dans tous les cas qui peuvent se présenter.

Dès lors, en même temps qu'on donnera un travail à l'ouvrier, on sera en mesure de lui indiquer d'une façon précise et impérative les éléments d'exécution qu'il devra employer : formé d'outils, trempe, vitesse, avance, etc...

En principe, l'outil devra même lui être fourni tout préparé en même temps que la pièce brute, car il s'agit là d'un travail étranger à sa spécialité.

Par voie de conséquence, on connaîtra d'avance la production horaire, la force motrice à dépenser, la main-d'œuvre, le temps d'usinage et même la quote-part des frais généraux qui seront employés pour la confection d'une pièce qui ne figure encore qu'à l'état de dessin sur le papier.

On saura, en particulier, sans conteste, que telle pièce mise sur tour à telle heure en sortira finie à telle autre heure, rendant ainsi libre l'outil pour un autre travail.

Il doit être de plus entendu que le travail manuel du tourneur aura été de son côté taylorisé. On lui aura appris, par exemple, comment il doit s'y prendre pour monter le plus rapidement possible sur pointes une pièce d'un poids donné, on exigera qu'il se conforme strictement aux instructions reçues et on saura que cette opération prend un temps connu.

On aura, d'ailleurs, débarrassé l'ouvrier tourneur de tout travail qui ne soit pas de sa spécialité, soit en lui adjoignant des manœuvres, soit par l'emploi de moyens mécaniques.

C'est ainsi que les outils voulus tout préparés et affutés devront lui être apportés en même temps que la matière brute ou à demi-travaillée au lieu qu'il aille les chercher.

Si l'ouvrier conduit plusieurs tours, les heures de mise en place et de retrait auront dû être calculées de façon à lui donner le temps de procéder aux opérations sans arrêter aucune machine autre que celle sur laquelle se fait le montage.

On aura même soin d'interpréter les dessins d'exécution en mesures faciles à lire et à évaluer sur la machine même, soit que le banc soit gradué, avec tac de déclanchement, soit que l'arrêt soit commandé par la vis d'avance, soit par tout autre procédé.

Des calibres et des piges seront confectionnés d'avance pour permettre d'apprécier sans lecture, tâtonnements ni erreur la dimension des éléments de la pièce à travailler.

En un mot, on facilitera, on *mécanisera* et on simplifiera au maximum le travail de l'ouvrier, de façon à accroître le rendement sans augmenter la fatigue.

En résumé :

12. *La Taylorisation du groupe constitué par la machine et l'ouvrier qui la conduit doit être étudiée et poursuivie par les procédés déjà indiqués dans le sens de l'augmentation du rendement au maximum;*

a) Par l'étude et le calcul ab anteriori des éléments mécaniques variables déterminés en relation avec les caractéristiques de la machine, de la matière et de la pièce à fabriquer. Cette étude devra être faite une fois pour toutes pour chaque machine dans tous les cas possibles et ses résultats appliqués pour chaque cas particulier suivant des ordres exprès et détaillés émanant d'une direction extérieure à l'atelier ;

b) Par la Taylorisation de l'ouvrier lui-même étudiée en relation avec les travaux exécutables sur la machine ou les machines qu'il conduit ;

c) Par la suppression de tout travail étranger à la profession de l'ouvrier, travail qui, s'il est purement matériel, doit être exécuté mécaniquement ou par des manœuvres et, s'il demande des spécialistes, doit être fait à part.

Il est à peine besoin d'observer que l'application du principe
ci-dessus, déjà très avantageux s'il s'agit de pièces exécutées
par unités, le devient encore davantage si on usine en série
un nombre important d'objets semblables.

Un certain nombre de groupes machines-ouvriers constitue
un atelier; mais le travail de cet atelier n'est pas uniquement
fait du travail de ces groupes.

Il y a, en outre, à prévoir le transport des matières premières
ou des pièces de l'entrée à une machine, d'une machine à une
autre, de la dernière à la sortie.

Il y a l'arrivée des matières accessoires, de l'eau, du char-
bon, du coke, etc... et l'évacuation des résidus et déchets, vidanges
cendres, riblons, copeaux.

Il y a encore l'apport des outils nécessaires et le retour de ceux
qui ont fini de servir ou qui sont hors d'usage.

Tous ces travaux doivent s'exécuter à la fois et en liaison
les uns avec les autres, de façon à ce que les divers organismes
ne se gênent ni ne s'attendent l'un l'autre.

Une commande devant être exécutée dans l'atelier, il faut,
avant tout commencement d'exécution, déterminer :

L'époque à laquelle commencera chaque travail pour chaque
pièce;

Les machines qui seront affectées à l'exécution;

L'époque à laquelle les divers travaux seront terminés.

Il faut, en outre, régler l'apport en temps voulu de l'outillage,
des matières, désigner le personnel qui en sera chargé et s'assu-
rer que son travail peut être fait au moment voulu et dans le
temps voulu.

Les données fournies par la Taylorisation individuelle de
chaque élément humain ou mécanique travaillant dans l'atelier
ou au-dehors permettent de résoudre le problème.

Elles indiquent, en effet, en fonction de données précises
possibles à connaître par les devis et les dessins, les temps et
les travaux élémentaires que chaque élément peut et doit accomplir.

Il appartiendra, dès lors, à la direction de dresser *a priori*, et avant tout commencement d'exécution, le plan du travail à produire, chaque travail élémentaire étant caractérisé au minimum :

1º Par le nom ou le numéro de l'ouvrier qui l'exécutera ;

2º Par le numéro de la machine où il sera exécuté ;

3º Par l'époque où l'exécution devra commencer ;

4º Par le temps d'exécution qui lui sera consacré ;

5º Enfin par la façon dont il devra s'exécuter.

Il appartient également à la direction, si le concours d'autres ateliers ou d'autres organismes de l'usine est nécessaire, de donner des ordres prescrivant exactement les conditions d'exécution, pour que chacun accomplisse en temps utile la tâche voulue, tâche pour laquelle les moyens à mettre en œuvre peuvent être déterminés *a priori* grâce aux données existantes.

Tous ces ordres doivent être rédigés de façon brève mais précise et sous forme écrite.

L'atelier comme les services extérieurs à lui ne doivent plus avoir qu'à les exécuter strictement comme il leur est prescrit et quand on le leur a prescrit.

Cette Taylorisation de l'ensemble de tous les travaux d'un atelier et d'une usine constitue l'aboutissement logique et définitif des méthodes tayloriennes appliquées à une industrie si on en étend le principe à chaque atelier, à chaque service, etc... considérés comme éléments de l'organisation totale.

Elle nécessite un bureau central d'études et de direction puissamment organisé et dans lequel la division du travail et la méthode sont poussées à leur limite.

Aucun travail ne doit être entrepris avant que la direction en ait tracé le programme jusque dans ses moindres détails et créé des consignes écrites relatives à son exécution.

Il est à d'ailleurs à remarquer que la Taylorisation intégrale ne doit intervenir que postérieurement et comme une conséquence de la Taylorisation successive des divers organismes en allant toujours du simple au composé.

13. *La Taylorisation intégrale d'une usine doit avoir pour but l'étude a priori de tous les travaux à exécuter à mesure qu'ils se présentent et préalablement à toute exécution, en vue de fournir*

à chaque atelier, à chaque organisme, à chaque machine et à chaque ouvrier, au moyen de consignes écrites, les ordres détaillés d'exécution de chaque travail élémentaire concourant à l'exécution du travail total.

Les ordres doivent préciser en chiffres toutes les conditions dans lesquelles chaque travail élémentaire doit être exécuté en quantités, en époques et en temps.

Leur élaboration est basée sur la connaissance exacte des rendements de chaque organe partiel, étudiée et établie une fois pour toutes.

Le rôle des organismes travailleurs est uniquement d'exécuter les ordres donnés d'une façon précise sans y rien changer par eux-mêmes.

***

On voit que dans une usine taylorisée la direction et son bureau d'études possèdent une importance capitale.

Leur action ne doit pas se borner à confectionner et à faire parvenir les ordres de travail. mais ils doivent encore, par des agents convenablement répartis, en surveiller l'exécution.

Cette surveillance ne doit cependant pas aller jusqu'à l'intervention directe desdits agents. « Chacun à sa place, chacun sachant quelle besogne il doit faire, chacun faisant sa besogne » doit être la devise générale. .

L'initiative individuelle est un don précieux, à condition qu'elle soit canalisée, sans quoi elle engendre le désordre. Dans la méthode de Taylor, le fonctionnement de chaque organisme doit collaborer avec celui des organismes à côté, à la façon dont travaillent les pièces d'une machine bien étudiée, sans retard ni avance.

Un pareil résultat ne peut s'obtenir évidemment que si la direction possède tout le personnel nécessaire.

C'est une grosse erreur, dans laquelle on tombe trop souvent, que de diminuer, par trop, sous prétexte d'économies et de réduction de frais généraux, le nombre des employés qui conçoivent, étudient et préparent, par rapport aux ouvriers qui exécutent.

De l'observation directe Taylor a déduit que :

14. Dans les usines qui semblent travailler dans les meilleures conditions, le rapport du nombre des ouvriers à celui des employés est voisin de celui de 7 à 1.

Il doit être compris que par employés on vise uniquement ceux qui travaillent aux études et à la direction des travaux, abstraction faite des employés commerciaux et de ceux de la comptabilité.

***

Nous avons dit qu'il n'y avait pas un intérêt majeur à voir un ouvrier produire au-delà de la tâche moyenne assignée à sa catégorie.

S'il s'agit, en effet, d'un sujet exceptionnel, cette surproduction n'a guère pour effet que d'introduire dans les calculs *a priori*, qui sont la base de la méthode, un élément de trouble et, si on réduit systématiquement le travail de l'ouvrier ou le temps durant lequel il travaille, on risque de le décourager, de le mécontenter, ou de lui donner de mauvaises habitudes.

Mieux vaut, à tous égards, rechercher pour lui un emploi où ses facultés trouvent une meilleure utilisation avec une augmentation de son salaire.

Si d'exceptionnel le cas devenait fréquent, cela prouverait uniquement que la Taylorisation a été mal faite.

Mais, en revanche, il y a gros avantage à encourager la régularité dans une production aussi parfaite que possible, donnant un minimum de rebuts, et à y inciter l'ouvrier.

Comme, si bien étudiée et appliquée que soit la Taylorisation, il existera cependant de petites différences d'un jour à l'autre par exemple, sur le rendement, on intéressera l'ouvrier au double résultat d'une production régulière et excellente de la façon suivante :

Supposons que la tâche d'un ouvrier soit de 100 pièces par jour et qu'on admette une proportion de rebuts de 2 % comme normale, 10 % étant le maximum admissible de ces derniers.

Supposons, en outre, que l'on tienne pour admissible, quoique devant diminuer le gain, un déficit de 5 % sur la tâche journalière établie, un déficit égal ou supérieur à 10 % ne pouvant être toléré.

Le salaire de l'ouvrier sera divisé en deux parts : l'une fixe, l'autre contituant gratification. Cette dernière doit, d'ailleurs, être de valeur appréciable par rapport à la première, 20 % au moins de celle-ci, par exemple, lorsque les rebuts et le déficit de tâche sont des normales.

La formule à trouver pour le calcul de la gratification doit être telle :

1° Que la gratification soit nulle pour un travail de 10 % ou plus inférieur à la tâche;

2° Qu'elle soit nulle également pour un pour cent de rebuts égal ou supérieur à 10 %;

3° Qu'elle varie entre ces limites d'une façon inverse au pour cent de rebuts et au pour cent de déficit au-dessous de la tâche.

On voit immédiatement que la formule doit affecter la forme :

$$G = K \times \frac{10 - N}{10} \times \frac{10 - M}{10}$$

dans laquelle

G est la gratification;
K une constante,
N le pour cent de rebuts,
M le pour cent de déficit de la tâche.

Pour trouver K, fixons-nous la gratification que nous entendons réserver à l'ouvrier ayant réalisé exactement les pour cent de déficit et de rebut que nous avons déclarés normaux, soit 5 % et 2 %, et soit g cette gratification que nous appellerons normale :

$$g = K \times \frac{10 - 2}{10} \times \frac{10 - 5}{10} = K \times 0,4$$

d'où

$$K = 2,5 \times g.$$

et finalement :

$$G = 2,5\, g \times \frac{10 - N}{10} \times \frac{10 - M}{10}$$

Appliquons cette formule à un exemple, en admettant que le salaire soit de 8 francs, la gratification normale de 2 francs.

L'ouvrier, qui aura, dans sa journée, produit 95 pièces dont 2 ont été rebutées, soit finalement 93 acceptables, touchera .... 10 »

Celui qui aura produit 100 pièces, toutes acceptables touchera .... 13 »

Soit une différence de.................... 3 »

Ce chiffre paraît, au premier abord, considérable pour 7 pièces seulement de plus; mais, si on réfléchit qu'entre le bénéfice réalisé par le patron dans le second cas et dans le premier, il y a comme différence en excédent :

1º Le gain normal sur la vente de 4 pièces;

2º Le prix de revient de deux pièces, augmenté du bénéfice commercial qu'on eût pu réaliser sur leur vente, moins leur valeur comme déchet; on estimera sans doute la prime au travail et à la perfection suffisamment justifiée, sans même mettre en ligne de compte l'avantage du bon exemple et de la régularité.

Ces calculs risquant d'être mal compris de l'ouvrier il faudra traduire leur résultats en un tableau à double entrée, donnant immédiatement le taux de la prime par simple lecture, *tableau qui sera affiché dans l'atelier.* (1)

---

(1) Sous une forme générale, soient ;

     N_a le 0/0 de déficit moyen admis;

     N_i le 0/0 de déficit inadmissible;

     N le déficit d'un ouvrier;

     M_a le 0/0 de rebuts moyens admis;

     M_i le 0/0 de rebuts inadmissible;

     M le 0/0 de rebuts de l'ouvrier;

     g la gratification moyenne adoptée;

     G la gratification à allouer à l'ouvrier ayant fait N 0/0 de déficit sur la tâche et M 0/0 de rebuts.

$$G = K \times \frac{N_i - N}{N_i} \times \frac{M_i - M}{M_i}$$

$$g = K \times \frac{N_i - N_a}{N_i} \times \frac{M_i - M_a}{M_i}$$

d'où

$$G = g \times \frac{(N_i - N)\,(M_i - M)}{(N_i - N_a)\,(M_i - M_a)}$$

On en trouvera ci-dessous un exemple en rapport avec les données précédentes :

FABRICATION des................(Nom de la pièce)

TABLEAU DES PRIMES

Nota. — La Direction demande à chaque ouvrier de fabriquer 100 pièces par jour.

Nombre de pièces fabriquées	NOMBRE DE PIÈCES REBUTÉES										
	0	1	2	3	4	5	6	7	8	9	10
100	5.00	4.50	4.00	3.50	3.00	2.50	2.00	1.50	1.00	0.50	0
99	4.50	4.05	3.60	3.15	2.70	2.25	1.80	1.35	0.90	0.45	0
98	4.00	3.60	3.20	2.80	2.40	2.00	1.60	1.20	0.80	0.40	0
97	3.50	3.15	2.80	2.45	2.10	1.75	1.40	1.05	0.70	0.35	0
96	3.00	2.70	2.40	2.10	1.80	1.50	1.20	0.90	0.60	0.30	0
95	2.50	2.25	2.00	1.75	1.50	1.25	1.00	0.75	0.50	0.25	0
94	2.00	1.80	1.60	1.40	1.20	1.00	0.80	0.60	0.40	0.20	0
93	1.50	1.35	1.20	1.05	0.90	0.75	0.60	0.45	0.30	0.15	0
92	1.00	0.90	0.80	0.70	0.60	0.50	0.40	0.30	0.20	0.10	0
91	0.50	0.45	0.40	0.35	0.30	0.25	0.20	0.15	0.10	0.05	0
90	0	0	0	0	0	0	0	0	0	0	0

Avis important. — Tout ouvrier qui dans l'espace de trente jours consécutifs sera resté trois jours sans toucher aucune prime sera congédié ou changé de service.

Il faudra, de plus que l'ouvrier sache immédiatement quel est son gain. On pourra, par exemple, le lui indiquer dès le lendemain par une fiche qu'il trouvera à sa place à la rentrée.

Taylor observe, en effet, avec juste raison que la récompense, si on veut qu'elle produise tout son effet et stimule les hommes, doit venir peu après que le travail a été fait et non être renvoyée à échéance lointaine.

Il y aura parfois avantage à calculer la prime non plus par journée, mais sur le travail d'une semaine, pour laisser à l'ouvrier la possibilité de se rattraper d'un jour sur l'autre. Il convient cependant d'être très prudent dans de pareils accommodements, de crainte de fausser complètement l'esprit de la méthode qui est basée sur l'hypothèse d'une production continue à une allure déterminée et constante.

L'ouvrier qui plusieurs fois de suite n'a pas droit à une prime et qui, par conséquent, n'a pas rempli la tâche ou a fait un % de rebuts inadmissible doit, après observations, être congédié ou employé à un travail pour lequel il est mieux qualifié, ainsi qu'il a été dit.

Enfin, il peut arriver que l'obtention d'une tâche résulte non du travail d'un ouvrier isolé, mais de celui d'une équipe dans laquelle le concours simultané de plusieurs personnes est nécessaire sans qu'on puisse nettement préciser la part revenant à chacun d'eux.

En pareil cas, il faut gratifier l'équipe suivant sa production et par la même méthode.

La somme résultant des calculs est partagée entre les divers ouvriers de l'équipe, soit également, soit dans une proportion fixée invariablement suivant les fonctions de chacun.

Généralement, ce partage pourra être établi proportionnellement au salaire fixe de chaque homme.

Cette façon de procéder offre l'avantage que les ouvriers éliminent d'eux-mêmes les paresseux dont la présence nuit à l'obtention de gratifications importantes pour l'équipe.

15. La régularité de la production et sa perfection doivent être encouragées par un système de primes.

La prime doit s'annuler si le déficit en dessous de la tâche établie ou la proportion de rebuts dépassent un pour cent fixé et assez étroit.

Chaque ouvrier doit être mis à même de calculer sans peine à tout instant et rapidement la prime qu'il a acquise.

Un ouvrier qui ne se fait pas de prime ne doit pas être conservé du moins dans le même travail.

L'application du système de la prime peut être étendue de l'homme à l'équipe.

CHAPITRE II

LES OBJECTIONS. LEUR DISCUSSION

Examinons maintenant les objections faites à la Taylorisation tant par les ouvriers que par les patrons.

Les griefs des premiers se trouvent condensés dans un opuscule d'Émile Pouget, intitulé *L'organisation du surmenage (le système Taylor)*, publié dans la Bibliothèque du Mouvement prolétarien.

L'ouvrage a paru au début de 1914, c'est-à-dire après l'échec retentissant d'essais du système Taylor (ou plutôt de ce que l'on appelait le système Taylor) dans plusieurs usines françaises, essais qui datent du début de 1913.

Or, il est à remarquer que les tentatives faites n'ont rien de commun avec la Taylorisation et même, comme nous allons le démontrer, qu'elles ont été dirigées dans un esprit diamétralement opposé aux prescriptions de Taylor.

Faisons donc tout de suite justice d'un système baptisé à tort de ce nom, système auquel Pouget ne consacre d'ailleurs qu'à peine deux pages dans son livre et que nous appellerons le «*chrono-nométrage* », du nom que lui ont donné les ouvriers.

Voici la définition qu'en fournit l'auteur :

« Un ouvrier extrêmement habile, choisi pour sa dextérité, a pour mission d'établir une *pièce* d'une série déterminée ; il choisit l'heure où il est bien dispos. bien en forme. car il travaille tout au plus quelques heures par semaine ; aussi il abat vite sa pièce, d'autant plus vite qu'il n'a à donner qu'un coup de collier intermittent et qu'il travaille avec des outils neufs lui permettant une exécution rapide. Le *temps* qu'il met à fabriquer la pièce en question sert de base pour établir le salaire payé aux ouvriers qui désormais vont fabriquer en séries. Or, comme ceux-ci travaillent dix et onze heures par jour, comme leur outillage laisse souvent à désirer, on conçoit que malgré leurs efforts ils ne parviennent pas à produire le nombre de pièces que prévoyaient les calculs établis d'après l'étalon du chronométreur... d'où, pour eux, baisse de salaire »

On se demande quel rapport peut bien avoir ce procédé avec le système de Taylor même appliqué avec toute la rigueur et le manque d'humanité que Pouget lui reproche par ailleurs.

Il est facile de concevoir qu'il s'agit là uniquement d'un procédé d'application du salaire aux pièces dans lequel la direction se base, à tort d'ailleurs, si on considère la question en équité, sur la production d'un ouvrier exceptionnel, travaillant dans des conditions exceptionnelles, au lieu d'envisager le rendement d'un ouvrier ordinaire.

Où trouve-t-on l'économie de temps et de forces demandée par Taylor à l'étude scientifique des durées et des travaux décomposés, étude qui incombe non à l'ouvrier, mais à la direction?

Où le dressage individuel, les conseils constants donnés à l'ouvrier?

Où l'organisation mécanique ou manuelle qui augmente le rendement avec le salaire?

Où la notion de tâche *possible à exécuter sans flânerie,* dit Taylor, *sans surmenage* avons-nous ajouté?

Où enfin la longue période transitoire dans l'application destinée non seulement à faire l'éducation des ouvriers, mais encore à déterminer leur persuasion par des faits tangibles au lieu de violer leurs opinions et leurs consciences et sur la nécessité de laquelle Taylor insiste sans cesse avec force?

Citons, d'ailleurs, ses propres termes :

« Lorsque certains éléments de ce mécanisme, l'étude des temps par exemple, sont employés sans être accompagnés de ce qui constitue la philosophie véritable du système, les résultats sont le plus souvent désastreux et malheureusement bien des hommes séduits par les principes de l'organisation scientifique entreprennent trop rapidement la mise en pratique de ce système sans écouter les avertissements de ceux qui ont mis des années à effectuer ces changements, se butent fréquemment à des troubles sérieux souvent des grèves et sont obligés de renoncer à leur entreprise...

« L'auteur a mille fois averti ceux qui voulaient changer

leur système d'organisation que c'était là une affaire de 2 à 3 ans, parfois de 4 à 5 ans. Les premiers changements doivent être faits avec une prudence excessive...

« Malheureusement les directeurs de cette affaire ne prirent ni le temps ni la peine de former convenablement les contremaitres pour *guider* et *instruire* les ouvriers; ils essayèrent, avec l'ancien contremaitre et la nouvelle arme qu'était l'étude précise des temps, d'amener les *ouvriers malgré eux* et sans bénéfice sensible à travailler bien davantage sans les instruire graduellement dans la nouvelle méthode et les convaincre, par expérience, que le travail à la tâche signifiait plus d'assiduité, il est vrai, mais aussi beaucoup plus de prospérité. Le résultat de ce mépris des principes fondamentaux fut une série de grèves, suivies de la disgrâce de ceux qui avaient essayé le changement, et le retour à des errements bien pires que ceux qui existaient avant un si grand effort... »

Devant ce désaveu anticipé du « chronométrage » on nous permettra d'écarter de la discussion des tentatives avortées qui se réclament à tort du système de Taylor, à plus forte raison de la Taylorisation telle que nous l'avons définie.

La lecture des ouvrages de Taylor semble malheureusement être pour certains patrons un vin capiteux qui les grise et qui les conduit aux pires sottises. Dans cet ordre d'idées, nous avons entendu citer le cas d'un industriel, féru d'un Taylor de son crû, qui en arrivait, en l'invoquant, à dire son regret qu'il ne fût pas possible de supprimer violemment les malades et les infirmes comme une légende, d'ailleurs fausse, prétendait qu'on avait fait dans l'exécution des derniers travaux du Canal du Panama.

Il serait aussi injuste de prendre argument des propos d'un patron épileptique pour condamner une méthode de travail que du sabotage criminel d'une machine par un ouvrier pour repousser en bloc les revendications justifiées de la classe ouvrière.

Dans un ordre d'idées plus atténué, il n'est pas plus équitable de conclure contre le Taylorisme d'après les tentatives qui ont faussement invoqué son nom ou à qui ce nom a été faussement appliqué.

****

Revenons donc à une discussion plus utile.

Les syndicats ouvriers avaient, en effet, une raison beaucoup plus sérieuse de s'opposer à l'introduction des méthodes de Taylor.

Voici un patron qui emploie 500 ouvriers d'après les anciennes méthodes.

Il les taylorise et double, par exemple, le travail accompli dans le même temps.

Résultat : *S'il n'augmente pas sa production*, il peut mettre à pied 250 hommes.

Bien plus, en les mettant ultérieurement en concurrence avec ceux qu'il conserve, rien ne s'oppose à ce qu'il en profite plus tard pour diminuer les salaires et annuler ainsi les avantages qu'il a de consentir au début à l'ouvrier pour obtenir son concours à la Taylorisation.

Ce chiffre de 50 % concernant la réduction de main-d'œuvre n'a rien d'exagéré. Pour les porteurs de gueuses qu'il entraîne à Bethléem Taylor réduit une équipe de 75 à 19 ouvriers et produit le même rendement total.

Il applique ses procédés à des pelleteurs et leur nombre qui était de 400 à 600 tombe à 140.

G. Faroux, dans un article paru dans l'*Auto* du 2 février 1913, prétend que le personnel de l'usine Bethleem Steel Cᵒ, qui était de 8.000 ouvriers à l'arrivée de Taylor, descendait à 2.700 à son départ; ici, il est vrai, nous n'avons pas l'aveu de l'auteur du système, mais les deux exemples précédents sont tirés de son livre.

Que deviennent donc les autres ouvriers?

Que seraient-ils même devenus, si, par des considérations plus humaines, on avait réduit la tâche imposée au-dessous de celle qui ne peut amener le surmenage, ni immédiatement, ni à longue échéance?

Supposons, par exemple, que pour éviter l'usure du travailleur la tâche indiquée ait été de 25 % moins forte que celle réellement imposée par Taylor.

Il n'en resterait pas moins que le nombre des porteurs de gueuses eut été réduit à 26 (exactement 25 1/3), celui des pelleteurs à 187 (exactement 186 2/3), celui du personnel total de la Bethléem Steel à 3.600.

Parlant des porteurs de gueuses, Taylor dit bien, il est vrai, s'adressant à « certains lecteurs émus du sort de ceux des porteurs de fonte que cette transformation a privés de leur travail » :

« Cette sympathie est tout à fait déplacée, car la plupart d'entr'eux furent immédiatement employés sur d'autres chantiers par la Bethleem Steel Cᵒ. Bien plus, l'exclusion de ces hommes de l'équipe des chargeurs de fonte où ils n'étaient pas à leur place fut un avantage pour eux, car elle leur permit d'être occupés à des besognes auxquelles ils étaient aptes et grâce auxquelles ils purent, après une formation suffisante, gagner normalement et légitimement de meilleures journées. »

C'est là, en effet, ce qu'on peut appeler *l'élimination par en haut*, et elle constitue un des meilleurs avantages de la Taylorisation.

Mais, malgré tout, il est permis de rester sceptique et Pouget, organe des syndicats ouvriers, relève avec habileté la contradiction évidente entre la philosophie de Taylor. ainsi que celui-ci l'appelle, et les résultats brutaux qui découlent des chiffres, même qu'il indique.

∴

Plus spécieux est l'argument de la possibilité indéfinie d'absorption des objets fabriqués par la masse des consommateurs.

S'il en était ainsi, en effet, comme Taylor et surtout son commentateur La Chatelier s'efforcent de le démontrer, non seulement aucun trouble ne se produirait du fait que le même nombre d'ouvriers pourrait dans le même temps, grâce à la Taylorisation, produire 3, 4 fois plus, mais même chaque ouvrier en particulier, bien plus chaque citoyen, se trouverait 3, 4 fois plus riche.

Le raisonnement est celui-ci :

Dans les actes par lesquels l'homme cherche à se procurer les objets nécessaires à ses besoins ou à sa satisfaction l'argent ne joue qu'un rôle apparent.

L'ouvrier qui fabrique des souliers achète-t-il un pantalon, en réalité il n'a fait qu'échanger les souliers qu'il fait lui-même contre le pantalon que confectionne son voisin, car ledit voisin, lorsqu'il aura à son tour besoin de souliers, restituera l'argent qui fera ainsi retour à son premier propriétaire, quel que soit le nombre de mains par lesquelles il sera passé entre temps.

Donc, si le cordonnier fabriqué dans le même temps deux fois plus de souliers, le tailleur deux fois plus de pantalons, nos deux hommes pourront, sans que rien soit changé, avoir deux fois plus souvent la satisfaction de porter des souliers ou des pantalons neufs.

Taylor, qui prend aussi comme exemple la fabrication des souliers, se réfère à l'époque où l'ouvrier ne pouvait acheter qu'une paire de chaussures tous les 5 ans et la plupart du temps marchait pieds nus.

La comparaison montre le défaut du raisonnement; il reste vrai tant que la rareté de la production laisse dans un pays les objets nécessaires ou simplement utiles ou agréables hors de prix pour la masse; il devient spécieux si on dépasse ce moment.

On sait, par exemple, que le prix du verre n'a pu être maintenu à un taux permettant de rémunérer les producteurs, patrons et ouvriers, que grâce à une entente entre les usines, à un cartel restreignant la production pour empêcher les prix de s'avilir par trop.

Là où des industriels ont dû limiter leur production on ne peut s'étonner de voir les ouvriers en faire autant dans un but parrallèle, et pourtant il est peu de matières qui semblent susceptibles d'emplois plus divers que le verre.

Pour garder ses 8.000 ouvriers, ou du moins un nombre égal d'ouvriers, en admettant que, par échange, certains d'entre eux aient pris dans d'autres usines des places mieux appropriées à leurs facultés et aient été remplacés par ceux-là même qu'ils déplaçaient, il eût donc fallu que la Bethlcem Steel Co augmentât ses affaires dans la proportion de 8.000 à 2.700, soit 3 fois environ.

C'est là le nœud de la question. La Taylorisation ne peut se faire sans choc social que si les industriels trouvent des débouchés leur permettant d'écouler la plus grande partie de leur surproduction. L'augmentation de la production des souliers servira d'abord à l'ouvrier à ne pas marcher pieds nus, c'est le premier stade; il est passé pour tous les pays civilisés. Elle lui permettra ensuite de ne pas user jusqu'au bout des souliers troués ou éculés; cela ira encore sans heurt. Mais, si elle dépasse ce second stade ou bien elle engendre le chômage avec son cortège de grèves et peut-être de violences, ou bien les fabricants devront chercher au loin des moyens d'écoulement et persuader, par exemple, aux nègres de se chausser.

Si l'on revient à notre pays, on sait combien, dans le passé, l'industriel français était rebelle aux idées commerciales de quelque envergure.

Organiser une branche commerciale qui allât chercher les affaires au loin au lieu de les attendre, expatrier des employés capables et bien payés et leur faire confiance dans une certaine mesure, au lieu de tracer la besogne chaque matin depuis A jusqu'à Z, s'entourer de collaborateurs capables de discuter les idées de leurs patrons au lieu de les adopter aveuglément, payer son personnel en fonction de son rendement intelligent et productif et non de sa sueur, autant de choses dont prenait ombrage trop souvent l'industriel français, à son défaut, son fils, son gendre ou son vieil entourage.

Dans ces conditions, il ne faut pas trop s'étonner ni s'indigner que l'ouvrier, qui connaît son patron mieux que ce dernier ne s'en doute, n'ait pas eu confiance et ait considéré le Taylorisme comme un « bloc enfariné qui ne dit rien qui vaille ».

Et c'est pourquoi, avec quelque apparence de raison, les syndicats ouvriers, profitant d'ailleurs des maladresses (pour ne pas dire pis) commises en invoquant Taylor, ont fait à son système une guerre acharrée et d'ailleurs couronnée d'un succès si complet que les mêmes industriels qui jadis n'avaient que Taylor à la bouche évitent maintenant de prononcer jusqu'à son nom et déclarent volontiers que la Taylorisation n'a aucune chance d'être jamais acceptée par l'ouvrier français, ce qui est une façon élégante de ne pas confesser qu'ils n'ont, eux, rien compris à ses méthodes.

Il est probable qu'il en sera de même chaque fois que le Taylorisme tentera de s'introduire dans un pays où la main-d'œuvre est suffisante sinon surabondante, en l'état du marché de consommation, à moins toutefois que le Patronat n'ait su sagement s'imposer des règles pour son emploi au lieu d'être tenté d'en faire le terrible organe de pressuration qu'il peut devenir lorsque manié par des mains maladroites, injustes ou rapaces.

*
* *

Mais tout ceci se rapporte à la situation industrielle et sociale avant la Guerre.

Après la fin de celle-ci, les éléments du problème se trouveront singulièrement changés et pour longtemps.

Il serait donc oiseux de se perdre en discussions sur le passé alors qu'il est vital de se préoccuper de l'avenir.

Comment se présentera, en effet, la question?

La main-d'œuvre sera rare. Combien d'ouvriers de toutes professions sont tombés ou tomberont encore, combien ne seront plus capables, du fait de leurs blessures, de remplir leurs anciens emplois, combien ne pourront plus en remplir aucun?

Si bien qu'en vertu de la Loi de l'offre et de la demande, l'ouvrier pourra exiger qu'on augmente ses anciens salaires. Comme le disait un industriel : « Après la guerre il y aura plus de patrons à chercher des ouvriers que d'ouvriers à chercher des patrons. »

Il ne faudrait pas cependant croire que ces exigences puissent être indéfinies.

Il existe, en effet, une loi évidente et inéluctable qui régit le maximum et le minimum possibles des salaires.

Supposons un ouvrier fabriquant (à lui seul, pour simplifier) 10 pièces par jour d'un objet que son patron vend cinq francs pièce, net, déduction faite de tous escomptes.

Des 50 francs, produit de la vente du travail journalier de l'ouvrier, il faudra d'abord retirer :

1º le prix de la matière;

2º Les frais généraux, en comprenant sous ce titre la quote-part afférente aux 10 pièces de tous les frais de l'entreprise qui ne se rapportent ni à la matière première, ni à la main-d'œuvre, amortissements compris;

3º le loyer du capital au taux normal, c'est-à-dire l'intérêt rapporté au moment considéré par les valeurs « de tout repos », fonds d'État, obligations de villes, chemins de fer, etc....;

4º Un certain pour cent représentant l'assurance contre les aléas que présente toute entreprise industrielle ou commerciale.

Ceci fait, il restera un solde — mettons 12 francs — à partager entre l'ouvrier et le patron.

C'est uniquement sur sa répartition que peut jouer la loi de l'offre et de la demande.

Si la main-d'œuvre est rare, la part de l'ouvrier s'accroîtra, mais sans pouvoir jamais atteindre la totalité, car dans ce cas le patron préférerait porter son argent et employer son activité ailleurs que dans sa propre usine où son gain se verrait réduit au seul intérêt facile à retirer sans risque ni peine d'un placement de capital en valeurs de tout repos.

Si la main-d'œuvre est abondante, la part de l'ouvrier diminuera au profit de celle du patron par le jeu de la concurrence entre travailleurs, mais sans pouvoir tomber plus bas qu'un certain minimum représentant le coût de la vie dans le lieu et à l'instant considérés.

Au-dessous, en effet, l'ouvrier n'aurait plus qu'à changer d'usine ou de ville, à s'expatrier s'il ne trouvait pas mieux dans son propre pays, à moins qu'il ne tente, par la force du nombre, de conquérir, fût-ce par la violence, ce minimum nécessaire à son existence et à celle des siens.

Mais quelle sera, après la Guerre, la somme à partager?

La matière première aura augmenté de prix, car elle devra souvent provenir de l'étranger et supporter un fret considérablement accru.

Il en sera de même de certains frais généraux : lumière, chauffage, force motrice, par exemple.

Le loyer du capital sera au minimum double, puisque les fonds français rapportent d'ores et déjà près de 6 % contre 3 3/4 environ avant la Guerre.

Ce ne sont donc plus, toutes choses égales d'ailleurs, 12 francs qui resteront à partager, mais beaucoup moins, 8 francs peut-être dans l'exemple précédent.

Et cependant, comme le coût de la vie aura augmenté, le salaire de l'ouvrier devra l'être parallèlement et il est en situation matérielle d'exiger cette augmentation du fait que son travail sera devenu chose plus rare et plus recherchée.

Comment concilier ces choses en apparence inconciliables?

Par un seul procédé : l'augmentation du rendement individuel.

La situation est retournée.

Il ne s'agira plus de supprimer 3.500 ouvriers sur 8.000, comme à la Bethleem Steel, pour accroître de 7 % à 17 % le bénéfice de la société patronne, il faudra, *pour pouvoir simplement con-*

tinuer à vivre, faire produire aux ouvriers restants le rendement qu'ils obtenaient à 8.000 avant la Guerre, et ceci sans les crever de surmenage et en les payant plus cher qu'auparavant.

Nous ne voyons absolument que la Taylorisation qui puisse amener à ce résultat, car elle constitue la méthode qui fait tendre sans cesse, et par tous les moyens admissibles, vers le maximum de la production.

Reprenons l'exemple ci-dessus et supposons qu'avant la Guerre les 12 francs fussent partagés : 10 francs à l'ouvrier, 2 francs au patron.

Adoptons la proportion de réduction du personnel ouvrier que nous avons pu considérer comme n'entraînant pas de surmenage, le meilleur rendement étant dû uniquement à la Taylorisation, soit 3.600 ouvriers contre 8.000 (25 % de production individuelle de moins que dans l'exemple de la Bethleem).

Jadis la somme journalière totale à partager était de :

$$12 \times 8.000 = 96.000 \text{ francs.}$$

dont 80.000 francs allaient aux ouvriers à raison de 10 francs par tête et par jour, et 16.000 francs au patron.

Après la Guerre, la somme globale ne sera plus que de :

$$8 \times 8.000 = 64.000 \text{ francs}$$

Mais comme les ouvriers ne seront plus que 3.600, en supposant que la part du patron demeure identique, il n'en restera pas moins pour chacun d'eux :

$$\frac{64.000 - 16.000}{3.600} = 13 \text{ fr. } 33$$

alors qu'avec le même rendement individuel qu'avant la Guerre les 8 francs, abandon fait de tout bénéfice industriel par le patron, ce qui est impossible, ne pourraient même pas servir à conserver le salaire antérieur.

Il reste donc à savoir si les ouvriers, en se prêtant à la Taylorisation, veulent maintenir l'Industrie française en vie ou si, conservant leurs répugnances anciennes (répugnances dont, nous le répétons, ils sont loin d'être seuls responsables), ils acceptent de la tuer en se suicidant d'ailleurs avec elle.

***

Mais, ajouterons-nous tout de suite, cette acceptation que nous espérons leur créera des droits dont ils pourront, dont ils *devront* faire usage.

D'abord la tâche imposée ne saurait être édictée par le patron agissant dans sa toute puissance.

Elle a une limite absolue : le surmenage. Remarquons qu'il ne s'agit point, lorsqu'on parle « tâche », d'une quantité variable suivant l'époque, le lieu et l'état social, comme peut l'être, par exemple, le salaire.

Il n'y a donc point à regretter le temps ni la dépense que coûteront des expériences précises et scientifiques destinées à établir la tâche puisque leurs résultats seront valables une fois pour toutes et pour longtemps.

Observons aussi quel point de contact ont, en dépit de tout, l'idée maîtresse du Taylorisme et celle que soutiennent les syndicats ouvriers. Le premier impose la tâche comme un minimum que l'ouvrier doué pour son travail des qualités requises doit obtenir sans surmenage par l'emploi intelligemment compris et scientifiquement établi de ses facultés et la suppression de la flânerie naturelle ou systématique.

Les seconds la considèrent comme un maximum que le travailleur ne doit pas dépasser sous peine de nuire à sa santé par l'usure ou à ses camarades par la surproduction.

Mais, après la Guerre, il ne peut y avoir de surproduction.

Quelle chose peut donc empêcher les parties de s'entendre, dussent-elles, en cas de *désaccord loyal*, invoquer l'arbitrage de juges non intéressés et procédant d'une façon indiscutablement scientifique.

En second lieu si l'ouvrier se prête aux devoirs qui lui incombent, son droit strict est que le Taylorisme ne s'applique pas à lui seul et livré à lui-même.

Il a le droit de demander à être dressé, encouragé, conseillé.

Il a le droit d'exiger que le travail général de l'usine soit taylorisé selon tous les préceptes et non partiellement et seulement en ce qui le concerne, que les machines, l'outillage soient ceux que commande l'état actuel de l'Industrie et non des procédés surannés.

Il a le droit de ne pas voir gâcher son travail de spécialiste à des besognes de manœuvres, etc...

Il a tous ces droits puisque l'existence même de l'Industrie qui le fait vivre est liée à tous ces facteurs et que, si de son côté il se prête aux actes nécessaires, il serait injuste qu'il en fasse tous les frais. Il les a encore parce qu'il sait et *qu'il faut qu'il sache* que l'attribution de salaires rémunérateurs n'est possible que grâce à l'augmentation du rendement et que celle-ci ne peut atteindre son maximum que grâce à la Taylorisation complète.

****

Si nous avons tenu à discuter longuement la question de la tâche imposée, c'est qu'elle constitue, comme nous l'avons vu dans certains cas, une objection capitale justifiant la répugnance de l'ouvrier.

Les autres nous paraissent beaucoup moins solides.

Lorsque Émile Pouget s'en prend, par exemple, à ce que Taylor a appelé la *suppression de la flânerie*, il nous semble qu'il ne fait plus appel aux sentiments élevés de la nécessité sociale, mais bien à des idées d'un ordre beaucoup plus discutable... beaucoup plus bas

Le sort des 85 trieuses de billes congédiées, et qui étaient *des plus intelligentes, des plus travailleuses et des plus consciencieuses*, le préoccupe et leur renvoi l'indigne. Nous aussi.

Mais nous ne saurions en dire autant du fait qu'après avoir observé que « les ouvrières passaient la plus grande partie de leur temps à flâner plus ou moins, à bavarder, ou même à ne rien faire », Taylor les isola l'une de l'autre à distance assez grande pour leur rendre la flânerie impossible, sauf à leur donner au cours de la journée quatre périodes de repos de dix minutes.

Notons que Taylor affirme que les ouvrières flânaient et que Pouget ne le conteste pas.

Ajoutons que les repos prescrits peuvent, si l'on veut, être taxés de trop courts et de trop peu nombreux. Cela est même probable puisque Taylor écrit : « Il est bon d'arrêter le travail au moment où le surmenage *commence* », ce qui implique qu'il y a début de surmenage journalier et par conséquent certain à la longue.

Mais à cette observation près, qui constitue précisément, comme nous l'avons longuement expliqué, la différence entre ce que nous avons appelé la *Taylorisation* et *la méthode de Taylor*, nous estimons que personne ne saurait équitablement trouver à redire au précepte posé par Taylor dans le même chapitre :

« Il est du plus élémentaire bon sens de fixer les heures de travail, telles que les ouvriers puissent travailler vraiment quand ils travaillent et jouer quand ils jouent, mais il ne faut jamais mélanger le jeu et le travail. »

Voici un ouvrier attaché à une machine-outil et qui y travaille 10 heures par jour. S'il est démontré qu'en travaillant continuellement et sans flânerie il se surmènerait et que sa conservation l'oblige en quelque sorte à soustraire 1/5 du temps, soit 2 heures, sous divers prétextes, ne vaut-il pas mieux réduire sa journée à 8 heures, en lui conservant le même salaire, puisqu'il produira autant, et lui demander un travail continu ?

Il y gagnera deux heures de liberté.

Son patron y gagnera aussi puisque l'outil rendu disponible pourra être utilisé par un autre ouvrier.

L'un et l'autre y gagnent encore puisque à l'augmentation totale de production de l'usine correspondra une baisse du % des frais généraux et la possibilité d'un accroissement du salaire comme du bénéfice patronal.

Une dernière objection aussi peu justifiée est celle qui prétend que la Taylorisation avec ses méthodes précises et invariables de travail tue l'initiative et l'intelligence de l'ouvrier en le réduisant à ne plus être qu'une machine reproduisant à l'infini, sa vie durant, le même geste.

Précisons d'abord le point de vue. Il s'agit ici et il s'agit uniquement des conditions du *travail industriel*.

Certains travaux, certaines professions demandent de la part de l'ouvrier une dose individuelle d'art, de goût, de personnalité. L'homme, qui, le marteau et le repoussoir en mains, crée une paire de chenêts en fer forgé et repoussé, même s'il se guide sur un dessin, est dans ce cas.

Si le même dessin est réalisé par dix ouvriers distincts, ou même dix fois de suite par le même ouvrier, chaque objet présentera des différences dans sa facture et c'est précisément là ce qui fait son prix.

Le Taylorisme n'a rien à voir avec ce travail qui réalise de l'Art et non de l'Industrie.

Mais, en revanche, si les chenêts de fer sont exécutés par des moyens purement mécaniques, il reprend tous ses droits et nous ne voyons pas clairement quelle pourra être la part individuelle de l'ouvrier, sinon la quotité de sa tâche, dans le produit des presses à emboutir qui remplaceront le marteau et l'étampe.

Nous ne voyons pas nettement non plus ce que l'initiative, l'esprit d'invention ou de création de l'ouvrier ont à faire dans un moteur d'automobile, pour prendre un autre exemple.

Ou plutôt nous voyons très bien qu'ils devront s'employer en raison seulement du fait que dans des cas nombreux le bureau de dessin aura mal fait sa tâche.

Il aura, par exemple, sommairement indiqué la place des boulons et des prisonniers, de telle sorte que le serrage en sera impossible, et c'est le chef d'atelier, le contremaître ou même l'ouvrier qui devront rectifier la donnée inexacte.

Veut-on en inférer que tout est bien et qu'il suffit pour que tout soit pour le mieux de voir chacun obligé de s'occuper du but auquel il n'est pas destiné?

Si nous écartons cette hypothèse, nous nous trouvons alors en face du fait suivant :

Un ouvrier tourne des bâtons de chaises; c'est son métier. Au début, il les tourne mal et lentement. En s'observant lui-même, en observant ses voisins, il arrive peu à peu à améliorer son rendement en quantité et en qualité et son salaire augmente proportionnellement.

Au bout de 2 à 3 ans il a atteint le plus haut degré de perfection — et avec quelles peines — auquel il puisse arriver et l'on se félicite d'avoir ainsi laissé le champ libre à son initiative.

Avec la Taylorisation, au contraire, cette perfection peut être atteinte et probablement dépassée en quelques mois ou peut-être quelques semaines; deux ou trois années plus tôt, l'homme aura atteint le fort salaire. Au lieu de trimer 12 heures à l'atelier, il abattra en 8 heures la même besogne et pourra consacrer les 4 autres à accroître ses connaissances, à suivre des cours d'adultes ou simplement à se reposer auprès des siens.

Où est donc l'intérêt bien compris de l'ouvrier?

Et si même le Taylorisme lui permet seulement de remplacer dans l'atelier et *sans plus de fatigue qu'auparavant* le travail de ses camarades tués à la Guerre ou rendus inaptes, de contribuer ainsi à sauver l'industrie de la fabrication des chaises en France et de conserver son propre gagne-pain, va-t-on condamner la méthode ou l'approuver?

Mais bien plus, si l'ouvrier considéré possède des aptitudes qui le destinent à être mieux qu'un tourneur de bâtons, n'avons-nous pas vu que le Taylorisme l'élimine *par en haut*, en le poussant presque automatiquement vers un travail plus précis, plus difficile, mais mieux rémunéré.

« Le manœuvre, dit Taylor, qui n'était capable que de manutentionner et de rouler des matériaux ou de transporter d'un point à un autre de l'atelier les pièces à travailler peut apprendre le plus souvent les travaux élémentaires du mécanicien et se procurer ainsi l'agrément et les avantages pécuniaires attachés à ce métier. L'aide-mécanicien tout au plus bon à conduire une presse à percer arrive à exécuter le travail plus compliqué et plus rémunérateur du tour et de la raboteuse et les plus intelligents deviennent contremaîtres et instructeurs à leur tour. »

Ne sommes-nous pas loin de « l'abrutissement » et de la « crétinisation » que craint Pouget et surtout n'en serons-nous pas loin lorsque, après la Guerre, tout patron sera obligé de rechercher et de découvrir les hommes aptes à faire une besogne, recherche d'autant plus difficile que cette besogne demandera plus d'intelligence, de soins et de vivacité d'esprit.

*
* *

Passons maintenant aux répugnances patronales.

Pour beaucoup la question est réglée; l'ouvrier français ne se laissera jamais tayloriser, il se refusera aux études des temps et des mouvements, sabotera les expériences et, d'ailleurs, disent-ils, montrez-nous donc une usine ou le Taylorisme ait jamais réussi en France.

Montrez-moi, répondrons-nous, une usine où le Taylorisme ait été jamais appliqué intégralement, non seulement comme nous venons de l'exposer, avec les considérations d'humanité que nous voulons voir ne pas perdre de vue, mais seulement de la façon qu'indique son auteur comme à la Bethleem Steel par exemple.

Sans doute il est plus simple de ne retenir des principes de Taylor que ce qui semble facile et rapide et de demander à l'ouvrier tout le travail de transformation, toute la peine nécessaire pour augmenter le rendement.

Mais, a-t-on le droit ensuite de critiquer ses résistances et surtout de le déclarer imperfectible?

*
* *

D'autres sont effrayés par la complication apparente que représente la Taylorisation d'une usine.

Ils ont vécu sous un régime où un petit nombre de travailleurs non manuels, d'employés, suffisait aux besoins, tels du moins qu'on les concevait.

A la direction, quelques ingénieurs et dessinateurs préparaient le travail sous forme de dessins à peine cotés, puis l'atelier s'en emparait sans autres formes et, comme les machines tournaient, que les produits sortaient (plus ou moins vite, mais quels points de comparaison avait-on?), ils étaient et restent convaincus que tout le rendement possible était atteint.

La « légion » d'employés qu'on leur demande maintenant d'entretenir semble une coûteuse inutilité.

Puis, sont-ils tentés d'ajouter, dans la vaste mécanique qu'est une usine taylorisée, et du fait même que chaque organe ne peut et ne doit travailler qu'en relation précise et constante avec tous les autres, la moindre erreur, le moindre grain de sable ne risque-t-il pas d'arrêter tout l'ensemble?

Ces objections résultent uniquement de l'erreur trop commune qui porte à ne tenir compte que des faits qui impressionnent directement nos sens, en négligeant ceux, non moins réels cependant, qui se passent à notre insu ou que nous ne nous donnons pas la peine de constater.

Lorsque la direction selon la formule ancienne aura passé à l'atelier les données rudimentaires relatives à l'exécution d'une pièce de tour, par exemple, l'ouvrier pourra-t-il se mettre immédiatement à exécuter le travail matériel qu'elle comporte?

Certainement non, et il faudra que le chef d'atelier, le contremaître, l'ouvrier lui-même envisagent et déterminent la machine qui travaillera, la façon de monter la pièce, les éléments du tournage, vitesse, avance, l'outillage nécessaire, le transport et mille autres choses encore, et qu'ils recommencent à chaque nouvelle commande.

Seulement le patron ne pointe pas le temps durant lequel l'ouvrier tourneur ne tourne pas, le contremaître ne dirige pas et il ne se rend pas compte que le travail de préparation indispensable avant que l'outil ait enlevé le premier copeau n'en est pas moins fait pour n'avoir pas été exécuté devant lui.

S'il est, au contraire, dû à un employé spécialiste travaillant à part, son coût saute aux yeux et le choque.

Dans quel cas, cependant, ce travail préparatoire est-il obtenu à moins de frais? Dira-t-on que c'est lorsque exécuté dans le brouhaha de l'atelier, sans bases, sans règles précises, sans surveillance, sans archives, parmi les multiples dérangements? Ou bien, est-ce dans un bureau, à l'aise, par un spécialiste pourvu de tous les documents nécessaires et qui ne fait que résoudre presque machinalement un cas particulier d'un problème dont la solution générale a été obtenue une fois pour toutes?

Dans un ordre d'idées analogue, croit-on prendre une assurance contre les retards dans les manutentions et les transports intérieurs, les engorgements des voies de communication, les déficits de personnel ou de matériel pour l'obtention d'une tâche, du fait qu'on n'a voulu prévoir à l'avance ni ces manutentions, ni ces transports, ni ce matériel, ni ce personnel, et qu'on aura laissé le soin à chacun de s'en pourvoir uniquement à son gré?

Certainement dans une usine taylorisée il arrivera, surtout au début, des erreurs de conception auxquelles les faits matériels ne répondront pas, des cas de force majeure qui obligeront « *à se débrouiller* ». Le nier serait prétendre que les trains ne peuvent avoir de retard sous prétexte que l'on fait des graphiques de route.

Mais repousser l'organisation méthodique serait assimilable à déclarer ces graphiques inutiles et à proposer de laisser à chaque mécanicien le soin de régler la vitesse et les arrêts du train qu'il conduit.

En tout cas, dans l'hypothèse de la Taylorisation, les erreurs ou les incidents imprévus ne peuvent être cachés. Le travail de préparation et sa qualité sont à chaque instant contrôlables et il n'est plus possible qu'un organisme en retard par oubli, incompréhension ou même mauvaise volonté, vienne, *à l'insu du patron*, arrêter tout l'ensemble.

La Taylorisation empêche ainsi à la fois les dépassements de délais et les « loups » de fabrication de rester ignorés.

En résumé dans une usine, une entreprise, l'application des principes de Taylor n'ajoute aucun travail supplémentaire inutile à ceux qui devaient obligatoirement s'exécuter auparavant si l'usine marchait bien.

La complication qui semble être amenée n'est qu'une impression fausse résultant du fait que les organismes fonctionnent en plein jour, au su de la direction au lieu d'agir obscurément, sans instructions précises, sans discipline, sans contrôle et sans méthode.

Quant à l'augmentation du nombre de travailleurs non manuels dont on s'offusque, elle provient seulement du fait qu'en vertu même de ses lois logiques le Taylorisme fait exécuter à des employés une besogne d'employés et en libère les ouvriers, de même que, parallèlement, il les décharge aussi du travail purement machinal qui doit incomber aux manœuvres ou à la machine.

**

Résumons-nous :

En dépit de toutes les ententes entre pays alliés, entre patrons, entre industriels, malgré les mesures douanières et, d'une façon plus générale, l'aide que l'État pourra donner, choses utiles mais non suffisantes, la situation industrielle et commerciale sera tellement difficile après la guerre qu'on peut, sans être taxé de pessimisme, songer à des désastres possibles (1).

Raisons : — Augmentation du coût de la matière première, du loyer, de l'argent, accroissement du prix de la vie rendant obligatoire un accroissement de salaires, etc., et par-dessus tout pénurie de la main-d'œuvre qui mettra le marché du travail entièrement entre les mains du travailleur.

Remède : — Augmenter le rendement par tête d'ouvrier ce qui permettra à la fois de produire en quantité suffisante et de rémunérer l'ouvrier à un taux plus élevé.

Observation capitale : — Cette augmentation *doit* être obtenue sans surmenage à la fois parce que l'ouvrier ne l'accepterait pas et qu'il est essentiel de ne pas nuire à la race.

Elle ne *peut* être espérée que du concours des bonnes volontés coordonnées du patron et de l'ouvrier et, si l'un d'eux s'y refuse ou n'y met pas tout son cœur, l'autre demeure impuissant.

**

Aux ouvriers, d'une part, aux patrons de l'autre de réfléchir et de voir s'ils veulent que la France vive; ou si, après l'avoir défendue les uns et les autres dans l'atelier ou dans la tranchée, ils entendent consommer leur perte avec la sienne dans le cours des années qui suivront la fin des hostilités.

Mais il faut que dans cette réforme des deux mentalités aucune des parties ne tente de rester en arrière en espérant que l'autre fera à son dam tout l'effort.

Si l'ouvrier accepte de se prêter aux expériences de l'observateur, s'il admet de ne plus exécuter les mouvements à son gré, mais bien de la façon prescrite, s'il ne refuse pas d'être tenu de fournir chaque jour une tâche imposée, si enfin, il fait le sacrifice des instants de flânerie qu'on lui demande de bannir complètement de ses heures de travail, il aura bien conquis le droit de réclamer en échange quelque chose à son patron.

---

(1) Voir les travaux de V. Cambon, qui a eu le grand et courageux mérite de signaler le danger dans le futur comme il l'avait fait du mal dans le passé.

Il demandera à juste titre à être instruit et conduit de façon à parvenir le plus tôt possible au rendement qui lui donnera de gros salaires, à ne pas se voir imposer des tâches exagérées et à avoir le droit de les discuter, éléments exactement et scientifiquement déterminés en mains.

Il voudra même que cette discussion ne se passe pas seulement entre lui et son patron, mais bien entre ce dernier et les groupements ou syndicats dont il fait partie et auxquels il a donné sa confiance.

Il exigera enfin, dans toute l'usine où il travaille, de voir appliquer les règles sous lesquelles on lui demande, à lui, de se courber.

C'est ainsi qu'il ne tolérera plus le désordre ni l'imprévoyance, les machines, les outils, les montages démodés ou mal conçus, le gâchage du temps et du travail, puisqu'il saura que tous ces éléments ont des effets qui, en définitive, retentissent sur lui-même par la voie de la prospérité générale gage de ses gains.

*
* *

Une dernière observation pour terminer.

Nous avons insité à plusieurs reprises sur la longueur du temps nécessaire à la Taylorisation. Ce n'est donc pas du jour au lendemain qu'après la paix son application pourra se faire.

Mais avant cette application il y a de longues études de nombreuses expériences à faire.

Pour elles, il n'est besoin ni d'un personnel nombreux, ni d'une matière première abondante, ni de moyens de transports faciles, toutes choses qui manquent actuellement.

C'est donc *tout de suite* que les industriels qui le peuvent doivent se mettre à l'œuvre pour les entreprendre avec les moyens dont ils disposent et dans toute la mesure où ils le peuvent.

Nous avons assez souffert du manque de préparation industrielle de la Guerre pendant la Paix pour tacher d'échapper au manque de préparation industrielle de la Paix pendant la Guerre.

CHAPITRE III

APPLICATION DU TAYLORISME
AU TRAVAIL DES FEMMES ET DES MUTILÉS

Si les données du Taylorisme sont exactes, elles doivent pouvoir s'appliquer à deux catégories spéciales de main-d'œuvre, la première, la main-d'œuvre féminine utilisée depuis la Guerre à des travaux auxquels on n'avait point coutume de l'appliquer, la seconde celle des mutilés qu'on n'avait pas à employer du tout, sauf exceptionnellement à des tâches très particulières, en ce qui concerne les aveugles, par exemple.

Parlons d'abord du travail féminin,

La cinquième loi nous montre que, partout où la force physique de la femme et ses caractéristiques physiologiques le permettront, il y aura avantage à substituer l'ouvrière à l'ouvrier et à réserver à ce dernier des besognes plus rudes, dans les limites du moins où se présentera le marché de la main-d'œuvre pour l'un et pour l'autre sexes.

Prenons comme exemple les travaux du tour. Nous pouvons constater qu'actuellement des femmes accomplissent des besognes auxquelles on n'eût jamais songé à les essayer auparavant.

Comment y ont-elles réussi? Parce que la nécessité a obligé à appliquer la neuvième loi et à remplacer le travail humain par du travail mécanique. C'est ainsi que les obus d'un poids trop lourd pour être maniés par des femmes, surtout dans des mouvements d'élévation, sont amenés à la hauteur voulue par des transporteurs ou des plans inclinés.

D'autre part (treizième loi « a »), on a réduit le travail de l'ouvrière à une besogne purement manuelle en lui fournissant un outillage procédant par opérations successives et où les organes n'ont qu'à être manœuvrés comme il est prescrit sans initiative individuelle.

On a, en outre, appliqué largement la sixième loi en payant les femmes d'une façon hors de toute proportion avec les salaires qu'elles obtenaient avant la Guerre.

Les industriels n'ont pas tardé, de plus, à reconnaître qu'il convenait de donner aux ouvrières des repos plus fréquents qu'aux hommes (première loi).

Nous pourrions aller plus loin, mais les exemples ci-dessus montrent que, poussés par le besoin et n'étant pas retenus par le souvenir d'anciens malentendus et d'anciens conflits, les patrons et leurs ouvrières ont déjà inconsciemment fait du Taylorisme.

Va-t-on s'arrêter en chemin ou bien continuer, mais dans une voie plus méthodique et plus scientifique encore?

Nous espérons bien que le simple bon sens commandera la seconde solution et, sans plus tarder, nous allons indiquer comment nous envisagerions l'étude.

La première chose à déterminer paraît être, la question de force physique se trouvant capitale, la limite statique et dynamique d'effort que l'on peut demander à la femme.

Nous voulons dire par là quel effort en kilogrammes elle peut normalement exercer et quelle quantité de kilogrammètres-heure elle est capable de produire dans des manutentions uniquement manuelles *sans qu'il en résulte surmenage.*

Un certain nombre de métiers seront éliminés du coup comme devant donner lieu au dépassement de ces limites.

Mais on sait déjà que certains mouvements sont particulièrement nocifs à la santé de la femme lorsqu'ils se répètent.

Il ne convient pas, par exemple, qu'elle ait à se baisser et à se relever fréquemment, ni à lever les bras, ni à rester longtemps debout.

De ces considérations et restant entendu que les travaux susceptibles d'être produits mécaniquement ne seront pas demandés à l'ouvrière mais bien à la machine résulteront de nouvelles éliminations et la nécessité d'exclure les outils où la femme ne peut s'asseoir, ou du moins de les transformer de manière à ce qu'elle le puisse.

Il ne restera plus, la fatigue uniquement physique étant écartée, qu'à songer à la lassitude nerveuse et au surmenage spécial qui en résulte.

Par les méthodes de M. Lahy ou autrement, on établira sur ce point des données contrôlées.

Certainement nous ne demandons pas que chaque industriel soit obligé de procéder à ces mesures, qui sont plutôt affaire de biologistes.

Mais on peut aisément concevoir par la collaboration des uns et des autres l'obtention de résultats généraux s'appliquant pour chaque métier à la femme moyenne *taylorisée*, c'est-à-dire ayant appris à exécuter seulement les mouvements nécessaires de la façon la moins fatigante et la plus rapide.

Il s'agit là d'études dont les résultats serviront ensuite à tout le monde, comme tout le monde se sert d'une loi physique établie une fois pour toutes sans réitérer les expériences qui ont permis de la déterminer.

Parallèlement, les organes des machines destinées à être servies par des femmes devront être modifiés en rapport avec les caractéristiques du sexe féminin. Tel levier de longueur convenable pour un homme devra être allongé pour permettre plus de force, telle pédale raccourcie pour venir à portée du pied.

Les expériences générales préliminaires ne devront d'ailleurs pas se borner là, mais porter sur tous les points où l'on s'apercevra qu'il y a une différence entre le travail de l'homme et celui de la femme.

On constatera probablement que, si la durée du travail entre deux arrêts doit être plus courte pour la femme, en revanche pendant un laps de temps bien choisi le travail est plus soigneux et plus régulier; — que la précision des mouvements et l'acuité visuelle sont supérieures chez la femme, etc...

Et on en tirera des conclusions logiques au sujet des métiers auxquels la femme doit être appelée.

Ceci fait, il serait d'une très mauvaise utilisation nationale de voir l'ouvrier reprendre certaines professions ou certains travaux auxquels la femme peut aisément s'adapter.

Citons, par exemple, l'étampage, le décolletage, le tournage de pièces dont le poids ne dépasse pas celui qu'une femme peut aisément manier.

Prenons comme démonstration le travail au tour.

La force nécessaire pour conduire un tour parallèle de dimensions ordinaires n'excède certainement pas celle d'une femme, une fois la pièce amenée et montée sur pointes, opérations qui peuvent être effectuées ou facilitées par des moyens mécaniques.

Pourquoi les tourneurs étaient-ils tous des hommes? C'est que l'emploi des anciennes méthodes nécessite une instruction professionnelle qui ne pouvait guère s'acquérir avant 2 ou 3 ans d'apprentissage.

Il fallait, en effet, que le tourneur sût lire un dessin, monter un outillage, affûter des outils à la meule, se servir du mètre, du compas, du pied à coulisse, du palmer.

Dans beaucoup de cas, les procédés de Taylor conduisent à remplacer cette manière d'opérer par un pur automatisme, surtout s'il s'agit d'un travail en série.

L'outillage et son montage peuvent se faire et se font effectivement dans les fabrications actuelles de guerre en dehors de l'action de l'ouvrière, les dimensions ne sont plus vérifiées au moyen d'instruments de mesure mais avec des calibres max. et min. préétablis, la course de l'outil est automatiquement limitée, etc.....

Pourquoi les ouvriers, dont on manquera, iraient-ils, à la paix, se mettre en concurrence avec les femmes au lieu de se réserver pour des usinages plus difficiles où leurs connaissances, insuffisantes autrefois, deviendraient suffisantes grâce à la Taylorisation.

L'emploi à un même travail d'une main-d'œuvre mi-partie masculine, mi-partie féminine serait, d'autre part, mauvaise au moins dans la même usine, car les durées de travail et les productions différentes donneraient une irrégularité dans les rendements et les tâches, tout à fait défavorables à la Taylorisation intégrale.

Il aurait, en outre, l'inconvénient de faire perdre le bénéfice de machines appropriées pour l'emploi spécialisé par un sexe ou par l'autre.

Notons, enfin, pour être complets, mais sans entrer dans de trop longues considérations à cet égard, que la loi du *non surmenage* ne devra pas s'arrêter à la protection seule de l'individualité de l'ouvrière.

Celle-ci, dans l'intérêt même, sinon de ses employeurs immédiats, du moins de leurs successeurs et de leurs descendants, doit être envisagée comme la procréatrice des générations futures et la nécessité d'obtenir un bon rendement dans son travail ne doit pas nuire à la natalité.

Il est d'un bon Taylorisme de considérer aussi la question sous ce point de vue, d'étudier le travail possible durant la grossesse, l'allaitement, etc.... non seulement en vue d'indiquer, mais même d'imposer un maximum de fatigue et d'effort et de supprimer entièrement certains travaux, certaines attitudes reconnues dangereuses.

Dans le même ordre d'idée, l'intérêt bien entendu du patron lui commande d'envisager les congés de grossesse, l'édification de pouponnières et de garderies, l'encouragement à l'allaitement mixte avec lait maternel, toutes choses qui sont liées intimement à la question du travail taylorisé.

⁎

L'utilisation des mutilés doit être comprise dans un esprit analogue avec cette différence qu'il n'est plus possible ici de relever des données moyennes correspondantes à un type travailleur déterminé *a priori*, puisque chaque mutilé constitue un cas particulier.

Le problème doit être pris dans l'autre sens et il faudra classer les mutilés en catégories composées d'individus restés susceptibles de produire un travail déterminé suivant la nature et l'étendue de leurs mutilations.

Tout en rendant hommage aux organisations qui se créent de toute part pour la rééducation des mutilés, nous pensons que le plus grand service à rendre à ceux-ci serait précisément l'étude de la classification ci-dessus par un groupe compétent de médecins, de biologistes, d'orthopédistes et d'industriels mettant en commun leurs idées et leurs connaissances.

Les méthodes de Taylor, notamment la décomposition en temps et travaux élémentaires, s'imposent puisqu'il faudra étudier d'abord chaque mutilation possible suivant sa nature et son degré et déterminer quels mouvements elle permet et quels mouvements elle empêche.

Il faudra procéder de même pour les réactions sensorielles.

On aura, d'autre part, en observant des sujets sains, déterminé pour chaque métier, pour chaque emploi, les réactions et les mouvements nécessaires et irremplaçables. Il sera, dès lors, aisé, par des mensurations directes opérées sur chaque mutilé, de lui indiquer les voies où il devra utilement chercher l'usage de ses facultés restantes.

Quels services ne rendrait-on pas ainsi à ces malheureux en les empêchant de se diriger vers un métier où ils sont certains de ne pas réussir ou vers certains autres accessibles presque à tous où ils se feront une concurrence désastreuse?

Les observations seront longues, difficiles, demanderont toute la science et toute l'ingéniosité de nos chercheurs. N'est-il pas temps pour les entreprendre?

Mais on ne s'arrêtait pas là.

Il est souvent possible de remplacer le travail de tel membre, de tel muscle, par celui de tel autre membre, de tel autre muscle.

C'est ainsi, par exemple, qu'on conçoit aisément qu'une pédale puisse remplacer pour un manchot un levier, qu'un volant placé ici sur tel outil parce qu'on y applique généralement la main droite, puisse être posé ailleurs sur un outil approprié, s'il est prévu qu'on doit le faire tourner de la main gauche.

On voit le bel ensemble de recherches ouvertes à nos inventeurs, mais à la condition que les problèmes leur soient posés précis, c'est-à-dire qu'ils sachent à l'avance à quelle catégorie de mutilés ils doivent approprier la machine.

En supposant le but atteint, une autre considération s'impose.

Un même atelier ou, si on veut, une même fraction d'atelier, ne peut recevoir pratiquement et économiquement, pour le même travail des mutilés et des ouvriers sains, ni même des mutilés de classes trop diverses.

Les ordres détaillés du travail, les productions ne peuvent, en effet, conserver la constance nécessaire à un fonctionnement méthodique et réglé par homme et par outil que si les hommes et les machines sont sensiblement identiques et cette constance est indispensable à la production nombreuse et économique.

Les industriels seront donc conduits à constituer des ateliers ou fractions d'ateliers de mutilés similaires fonctionnant avec des machines appropriées à la nature des mutilations, au classement individuel des mutilés employés.

On voit que le classement méthodique s'impose encore avec plus de force puisque lui seul permettra à chaque mutilé de savoir où s'employer, à chaque patron de savoir quels mutilés il peut employer.

Observons enfin que parmi les mutilés devenus tout à fait incapables d'un travail manuel la Taylorisation trouvera encore, et elle seule, d'utiles auxiliaires.

Des ouvriers de jadis, maintenant incapables de reprendre l'outil, deviendront d'excellents instructeurs du fait même qu'ils resteront capables de comprendre, d'apprécier le travail, de conseiller et d'encourager leurs camarades comme Taylor demande qu'on le fasse sans cesse.

Ils puiseront même dans leur glorieuse mutilation un ascendant moral tout à fait souhaitable.

Les plus instruits, enfin, entreront dans le nombreux personnel de là direction centrale de l'usine taylorisée, destinée à préparer la tâche manuelle et y rendront d'autant plus de services qu'ils sont mieux à même de concevoir le but final auquel doit servir dans l'atelier leur travail de bureau.

Ils se trouveront d'autant plus vite à leur aise dans ce nouvel emploi qu'en réalité la plupart des besognes qu'ils exécuteront ne demandera qu'une instruction assez limitée puisque leur tâche consistera surtout à appliquer à des données fournies des formules et des règles également fournies.

L'auteur sera toujours heureux, dans les limites du temps que lui laisseront ses devoirs militaires, de répondre à ceux que son travail aurait intéressés et qui désireraient lui demander des éclaircissements ou lui faire des objecions.t

E. H.

Adresser la correspondance à l'École des Travaux Publics, 12, rue Du Sommerard, Paris.

TABLE

Angers, imp. U. Grassin. — 1157-16